포항 별미別美
공공미술을 맛보다

07
융합문명연구원 포항학총서

포항 별미別美
공공미술을 맛보다

이웅배

도서출판 나루

감사

국내외에서 인터뷰와 작품 관련 자료 사용을 허락해주신 여러 작가님(김병철, 김택기, 오의석, 김상균, 강대영, 이상길, 우무길, 임영희, 황성준, 김성복, 이원석, 김석, 최일, 변대용, 이용덕, 포항 이성민, 서울 이성민, 안재홍, 모준석)과 서종숙대표님(문화밥)에게 진심으로 감사드립니다.

책이 나오도록 마중물이 되어주신 송호근 교수님과 노승욱 교수님에게 감사드립니다.

집필 방향에 조언을 주신 이시은 선생님과 손민석 박사님께 감사드립니다.

사진을 제공해 주신 안진우님과 황상해님에게 감사드립니다.

자료 정리를 제자 박주희, 김수경이 도왔습니다.

감사합니다.

이웅배

목차

머리말

흥해읍의 포항KTX역

김병철 [도약]	28
김택기 [바이올린 연주자]	36
문 신 [하늘을 나는 꽃]	42

환여동의 포항시립미술관과 환호공원

문 신 [개미]	50
이웅배 [공동체]	58
오의석 [사랑으로]	68
김상균 [풍경-기억의 방 Pohang 2012]	76
강대영 [자화상(Self-portrait)]	84
이상길 [Contact 내 마음의 전파 망원경]	92
박은생 [돌맹이-울림]	93
우무길 [숙원(宿願)]	100
하이케무터, 울리히겐츠 [스페이스 워크]	108
임영희 [프롤로그-포에틱 2(Prologue-Poem II)]	116
황성준 [침묵의 시간 세우기]	122

영일대해수욕장

김성복 [신화-2013]	132
이원석 [오늘도]	140
포항 5경 : 포스코 야경	152

동빈내항과 중앙동의 정화냉장과 포은중앙도서관

신내연삼용추(新內延三龍湫)	162
김 석 [가방 던지는 사람]	172

포항운하

최 일 [정지된 말]	181
변대용 [너는 나다. 나는 너다]	188

대이동의 철길숲

이용덕 [포스코 포항제철소, 만남 2017]	196
포항 이성민 [Cumulus]	204
서울 이성민 [깃털-곤(鵾)]	210

제철동의 파크1538 포스코 홍보관

론 아라드 [Infiniturn]	218

오천읍의 오천예술로

안재홍 [나를 본다]	226
모준석 [그 빛 아래]	227

호미곶면의 해맞이 광장

김승국 [상생의 손]	238
상상의 손과 작은 손들	242

마치며

장소를 기억하는 방법

 사람마다 어떤 장소를 기억하는 방법이나 습관을 나름대로 가지고 있다. 볼거리와 먹거리를 연결하여 장소에 대해 생각하는 사람이 많은데 나도 그런 편이다. 가령 지금 사는 곳은 북한산의 풍경과 재래시장에 있는 식당 청년밥상문간[1]이 먼저 떠오르고 고향인 경기도 연천은 군청 바로 뒤 가로수가 있는 녹음 짙은 길과 두부 요리의 노포 식당이, 포항의 인근 도시인 경주는 능의 아름다운 곡선과 황남빵이 먼저 생각난다. 유학 시절을 보낸 파리는 에펠탑이나 몽마르트 보다 작은 미술관들과 오래된 블랑제리로 연결된다. 조각가가 생전에 사용하던 손때 묻은 연장들과 허름한 아틀리에가 친근하게 남아 있는 앙투안 부르델 미술관[2]과 집 앞 빵 가게가 나에게는 파리이다. 오래된 단추가게, 구두와 액세서리 상점, 가구점, 골동품 파는 작은 가게들 사이에 있

---

[1] 사정이 여유롭지 못한 청년들에게 단돈 3,000원으로 든든한 한 끼를 제공하고, 꿈나무카드를 이용하는 아동들에게 무료로 식사를 나누는 식당으로 2017년 정릉점을 시작으로 이대점, 낙성대점, 제주점 등 총 4곳이 있다.

[2] 앙투안 부르델(1861~1929)은 프랑스 조각가로 오귀스트 로댕의 제자이며 대표작으로 '활 쏘는 헤라클레스', '베토벤 상'이 있으며, 파리 15구에 그가 실제로 사용하던 작업실과 거주지를 전시 공간으로 사용하는 앙투안 부르델 미술관이 있다.

는 빵 가게에서 방금 나온 따뜻한 바게트를 들고 집으로 가던 기억과 함께 예술가의 자취가 담긴 미술관들이 이 도시에 있기 때문이다. 이런 식으로 포항에 대해 말하자면 포항은 단연코 죽도시장과 공공미술작품들을 들 수 있다. 황해도 해안가 출신인 부친의 식문화 영향으로 어릴 때부터 수산물이 익숙한 나에게 죽도시장은 가히 먹거리 파라다이스이다. 고품질 가성비의 엄청난 회센터를 필두로 천 개가 넘는 상점에서 사시사철 거래되는 각종 농수산물과 먹자골목의 죽도시장은 언제나 행복하다. 그리고 또 하나 빼놓을 수 없는 것은 예술작품이 넘치는 포항의 거리이다. 닫힌 전시 공간이 아닌 열린 공공의 장소에서 어렵지 않게 볼만한 작품을 만날 수 있으니 포항은 공공미술의 대표적인 도시이다. 이렇듯 나에게 포항은 행복한 먹거리와 볼거리가 가득한 곳이다.

기억의 궁

어떤 음식이건 그것을 먹어 본 사람이 더 그 맛을 알게 되는 것 같이 포항의 공공미술작품을 자세히 감상하고 싶은 마음으로 쉬엄쉬엄 이틀 정도의 일정으로 다닐만한 곳을 생각해 봤다. 그리고 '기억의 궁(Mind Palace)'[3] 같이 공공미술작품이 있는 여러 곳을 동선으로 연결하면 좀 더 흥미롭고 효과적이겠다 싶었다. 포항에는 포항스틸아트페스티벌에 초청된 작품을 중심으로 시내의 미술작품을 안내하는 친절한 지도가 있으니 이를 참고하여 북구에서 남구로 이어지는 선을 긋고 이틀 정도의 시간에 효과적으로 다닐 일정을 짰다.

여정의 동선은 첫째 날에 포항의 관문인 북구 흥해읍의 KTX역을 시작으로 환여동의 포항시립미술관과 환호공원 일대, 영일대해수욕장을, 둘째 날에는 동빈내항에서 출발하여 포항운하와 대이동 철길숲, 제철동 파크1538과 오천읍의 오천예술로를 거쳐 호미곶면의 해맞이 광장에서 마친다. 동선 주위에 괜찮은 작품들이 많아 이를 다 봤으면 했지만, 이틀 안에 볼 수 있는 분량으로 한정했고 그 가운데 혹시라도 작품을 만든 작가와 연락이 되면 관련된 얘기를 들을 수 있으면 좋겠다는 맘으로 대략 서른 점 남짓으로 정했다.

---

3 익숙한 장소를 통해 기억하기 어려운 것을 쉽게 외우도록 돕는 기술로 머리에 가상의 방을 만들고 동선을 따라 거기에 잊지 않고 새겨야 할 단어나 일, 지식 등을 차곡차곡 쌓아두는 방법

Dot to Dot

효과적인 동선을 정하고 미술의 렌즈로 포항을 살피려 하니 '자산어보'에 나오는 '섬' 이야기가 떠오른다. 자산어보는 조선 후기 정약용의 형 정약전이 신유박해 후 흑산도에 유배되어 편찬한 해양생물학 서적으로 2021년 이준익 감독이 만들고 설경구, 변요한, 이정은 배우가 열연한 영화의 배경이 되었다. 조정과 관념적인 지식인들의 해양과 해양 너머에 대한 무관심을 비판하며 시대를 뛰어넘었던 사람들의 이야기가 이 책의 배경을 이룬다.

토지 지배를 목적으로 성립된 육지 국가의 입장에서 바다는 골칫덩어리에 지나지 않았기 때문이다. 심지어 정약전 형제가 활동하던 조선시대 중앙 정부의 관료 지식인들은 섬을 비워 버리는 정책을 쓰기까지 했다. 왜구의 난입으로 늘 귀찮은 문제를 만들어 섬으로부터 아예 신경을 끊고자 했던 것이다. 이후 섬은 기껏해야 유배의 장소로나 여겨졌다. 나아가 바다의 시점에서가 아니라 육지의 연장으로서 섬을 바라보는 관점이 오랫동안 내면화되었다. 중앙과 지방의 관계처럼 육지와 바다 사이에도 서열 관계가 성립되어 섬은 한낱 본토의 중심으로부터 이탈한 변경에 지나지 않는 것으로 이해되

없던 것이다.[4]

 사람들이 섬을 단순히 육지로부터 떨어져 있는 곳, 육지에서 고립된 땅이며 떨어져 나가 끊긴 곳이라 여길 때 정약용 형제는 섬을 본토와 어울리지 못하는 외톨이가 아닌 육지와 바다를 이어주는 출발점이며 연결고리로 여겼다. 예술작품도 비슷한 데가 있다. 예술의 가치를 알지 못하면 시내에 있는 많은 공공미술작품은 단지 섬과 같은 것이지만 그 가치를 알게 된다면 이것은 더 새로운 시대로 나가는 디딤돌로 쓰일 것이다. 왜냐하면 예술은 뭔가를 새롭고 넓고 다양하게 생각하는 원천이기 때문이다. 숫자가 붙은 점의 순번을 따라 연필로 선을 이으면 결국 재미난 그림이 만들어지는 '점 잇기 그림(dot to dot)'처럼 공공미술작품의 감상으로 그려질 포항의 새로운 인상이 기대된다.

> 당신이 어떤 박물관이나 건물의 입구 혹은 어느 도시의 광장이나 공원 같은 곳에 있는 중요한 조각품 옆을 지나간다는 것은 전혀 새로운 세계에 대해 우리의 마음과 눈을 뜨게 해 줄 수 있는 그 어떤 사물을 지나치고 있는 것이라고 할 수 있

---

4 바다를 품은 책 자산어보, 손택수 지음, 정약전 원저. 119쪽

다. 만약 그저 한번 훑어보고 지나쳐 버린다면, 우리는 그러한 귀중한 경험을 못하게 되고 만다. 그러나 일단 멈춰 서서 주의 깊게 살펴보고, 그 조각의 둘레를 보고, 보는 각도에 따라 변하는 그 모습을 관찰한다면, 우리는 상당히 놀라운 몇 가지 발견을 할 수 있을 것이다.[5]

감상의 유익 / 상상력

작가는 하고 싶은 이야기를 재료와 기법을 통해 조형적으로 작품에 표현하고 관객은 작품 감상을 통해 아름다움과 함께 상상력을 얻는다. 작품의 모양, 색 등으로 관객의 마음에 만족스럽고 좋은 느낌이 생길 때 관객에게 충만한 상상력이 발생한다. 미술감상이 중요한 것은 이렇게 생긴 상상력이 일상생활에서 새로운 것을 탄생시키는 원천이 된다는 것이다.

우리는 아름다움과 만날 때 무의식중에 상상할 수 있는 가치의 범위를 확장하고, 의식하지 못한 사이에 이전과 전혀 다

---

5   조각 감상의 길잡이, 데이비드 핀, 시공사, 1993, 11쪽

르게 생각하기 시작한다. 어쩌면 그것이 우리에게 아름다움이 필요한 이유인지도 모른다.[6]

아름다움이 주는 상상력이란 다르게 생각하게 하는 능력이며 변화의 원동력인 셈이다. 관객이 작품 감상을 통해 일종에 다르게 생각하기, 변화에 대한 호의, 새로운 대안을 찾는 힘이라는 상상력을 얻는다.

창조적 천재들은 세상과 대화의 끈을 유지하면서 세상을 보는 방식, 세상을 표현하는 방식에 혁명적 변화를 일으키는 사람들이다. 보통 사람들, '정상적인' 사람들은 세상을 있는 그대로 받아들이고 거기에 순응하고 적응한다. 그러나 '비정상적인' 정신병자와 천재들은 현실에 강한 불만을 느끼고 현실의 가치, 규범, 관습, 전통, 규칙 등을 무시할 수 있는 사람들이다. 다만 정신병자들이 새로운 대안을 찾지 못하고 헛도는 삶을 사는 사람들이라면 천재들은 자기 영역에서 새로운 대안을 창조한 사람들이다. 화가 반 고흐는 천재이면서 정신병자였다. 그는 그 둘 사이의 경계선 위를 오가던 사람이었다.[7]

---

6 샤를 페팽, 아름다움이 우리를 구원할 때, 이숲, 2016, 51쪽
7 정수복, 파리일기 은둔과 변신, 문학동네, 2018, 97쪽

상상의 사전적 의미는 '실제로 경험하지 않은 현상이나 사물에 대하여 마음속으로 그려보는 것으로 기억된 생각이나 새로운 심상을 떠오르게 하는 것'이다. 앞서 언급했듯 상상이란 새로운 것에 접근하는 힘을 불러일으킨다. 우리가 예술작품을 감상하면 작품에 대해 자기 나름대로 생각하고 판단하는 여유를 얻게 된다. 이 여유는 느긋하고 차분하게 생각하고 행동할 수 있는 마음과 상태를 주기 때문에 복잡 미묘한 인간에 대한 정교하고 섬세한 이해력과 포용심을 얻게 된다. 물감과 끌과 정 등으로 표현한 회화나 조각작품은 그것이 무엇이든 인간과 관계된 것이기 때문에 소비사회에 사는 사람들이 즉각적이고 감각적인 만족을 쫓느라 상실한 아름다움을 발견하도록 돕는다. 이것은 인간의 가치를 소득이나 사회적 지위로 평가하는 현대사회의 가치와 다른 것으로, 인간은 존재하는 것 자체가 아름다움이며 즐거움이라는 것을 알도록 돕는다.[8]

---

8 김기석은 가와바타 구니후미가 그의 저서 〈생명의 교실〉의 내용인 "그렇구나, 살아 있다는 것은 즐거운 일이구나. 존재의 근원은 '즐거움'이겠구나. 그러니까 누구든 대우주, 대자연이 협연하는 '즐거움'이라는 심포니를 자신 안에, 타자 속에, 모든 존재 속에서 느끼고 즐길 수 있는 거구나, 원자폭탄이 떨어져도 미동하지 않는 진실한 생명의 세계가 존재하는 거구나(136쪽)"를 인용하면서 "우리의 삶이 힘겨운 것은 존재의 근원인 즐거움을 누리지 못하기 때문이라"고 말한다. (김기석, 하늘에 닿는 사랑-김기석의 시편 산책, 꽃자리, 2013, 205쪽 참고)

효과적인 감상을 시작하기 위해 작가는 누구이며 작가가 작품을 만들 때 고려하는 기본적인 요소에 어떤 것들이 있나 생각해 보면 좋을 것 같다.

작가는 누구인가?

작가는 몽상가이며 유용성 없는 아름다움을 만드는 사람이다. 유용성 없는 아름다움은 당장 일상생활에 도움이 되는 경제적인 생산품이 아니다. 필요한 재화나 용역의 생산, 분배, 소비의 측면에서 작가는 잉여적이고 몽상적 존재이다. 재화 획득이 욕망 충족의 최우선이라는 관점에서 보면 잉여 인간이란 사회에서 어떤 역할도 맡지 못하고 누구도 필요로 하지 않으며, 도움이 안 되고 실현성이 없이 헛된 생각을 즐겨 하는 사람일 뿐이다. 그런데 몽상가적이며 잉여적인 작가가 들판의 농부나 선박의 어부처럼, 생산현장과 사무실의 노동자처럼 바쁘고 성실하게 움직이며 예술작품을 만든다. 이렇게 유용성이 없어 보이는 예술작품 안에 아름다움이 자리 잡고 있다.

최초의 음악가는 아마 남달리 몽상적인 사냥꾼이었을 것입니다. 그는 활을 쏠 때 실수로 손가락으로 활줄을 건드렸다가, 그것에서 나는 신기한 울림에 자못 놀랐을 테지요. 아마도 그날 저녁, 가죽을 씌운 거북 등딱지에 팽팽하게 활줄을 연결해서 퉁겨 보았을 것입니다. 그렇게 현이 선사하는 조화로운 음을 발견한 뒤에는 현에 음색을 선사하는 공명도 발견했겠지요. 모닥불 주변에 둘러앉은 부족 구성원들은 처음에는 그를 보고 웃었을지도 모릅니다. 덜떨어진 몽상가로 치부했을 겁니다. '저런 막을 씌운 거북 등딱지로 어떻게 영양을 사냥해?' 하지만 잠시 뒤에 그들은 입을 다물고, 그동안 알지 못했던 울림에 귀를 기울였을 것입니다. 무언가 본질적인 것이 일어났기 때문입니다. 최초의 악기에서 퍼져 나오는 울림과 함께 그 저녁, 그들은 처음으로 유용한 사냥을 넘어서 유용성이 없는 아름다움을 발견했을 것입니다. 처음으로 공격하는 동물이 포효하는 소리나 위험에 처한 생명의 두려움에 찬 외침이 아닌, '노래'를 들었을 것입니다. 그들의 뇌에서 1억 개의 신경 세포를 지닌 청각 피질이 여느 때처럼 활성화되었습니다. 그러나 그것은 경고의 메시지가 아니었습니다. 좋은 것이었습니다. 도망칠 이유가 없는 소리였습니다! 마침내 그들은 자리에서 일어나 울림에 움직임을 선사했습니다. 도망치거나 공격하는 움직임이 아니라, 들은 것을 '춤'으로 표현한 것입니다. "활을 쏘다 실수로 건드린 활줄, 신기한 울림, 거북 등딱지, 조화로운 음, 공명, 덜떨어진 몽상가, 거북 등딱지와 사냥, 유용성이 없는 아름다움, 울림에 선사한 움직임, 춤… 이보다 맑고 깊은 묵상이 어디 흔할까 싶다. 더딤을 아낌이라 여기며 읽고 있는 책 〈바이올린과 순례자〉에서 만난 최초의 음악가 이야기에 깊이 공감하고 공명한다.[9]

만들기(놀기)와 소통(칭찬)의 기쁨

작가가 유용성 없는 아름다움을 계속 만들게 되는 것은 이것이 작가에게 기쁨을 주기 때문이다. 미술뿐만 아니라 여타의 장르에서도 마찬가지겠는데, 작가에게 창작의 원천은 '즐거움'이다. 이를 둘로 나누면 그 첫째가 만드는 즐거움이다. 나는 어렸을 때부터 만드는 즐거움이 나로 하여 미술을 하게 했음을 분명하게 기억한다. 마치 놀이를 하듯 자유롭고 자발적인 활동으로 만들기를 할 때 넘치는 재미를 얻었다. 만드는 즐거움은 머리에서 생각하는 바를 손을 열심히 움직여 모양이나 색깔로 표현하

---

9   한희철, 하루 한 생각, 꽃자리, 2021, 340~341쪽

는, 시간 가는 줄 모르는 집중력을 준다. 만들기는 숙제나 해야 할 일이 아니라 놀이이다.

놀이의 원천에는 근본의 자유가 있다. 이 자유란 쉬고 싶은 욕구이며 아울러 기분전환 및 변덕스러움과 욕구이다. 이 자유가 놀이의 필수불가결한 원동력이다.[10]

나는 장성하여 작가가 된 후에도 역시 놀이의 즐거움으로 작품을 만든다. 손과 몸을 부단히 움직여 얻은 조형적인 결과물이 평면적이건 입체적이건, 사실적이건 추상적이건, 붓과 물감으로 그리거나 끌이나 정으로 나무와 돌을 다듬거나, 용접기로 각종 금속을 가공하거나, 프로그램을 이용해 가상의 형태나 영상을 만들거나 이미지[11]라고 불리는 것을 만들면서 기쁨을 얻는다. 이런 즐거움이 만드는 과정에서 오는 것이라면 두 번째는 소통하는 즐거움으로 이는 만듦의 결과물이다. 소통의 즐거움은 칭찬받는 것과 관계가 있다. 아주 어렸을 적에 내가 뭔가 만들거나

---

10 놀이와 인간, 로제 카이와, 문예출판사, 1994, 57쪽

11 이미지라는 용어가 쓰이는 영역은 매우 광범위해서 그림, 판화, 조각, 지도, 사진, 영화, 텔레비전 화면, 비디오 화면, 인터넷 화면, CCTV 화면 등이 포함된다. 이러한 그래픽적 이미지 외에도 정신적 이미지, 언어적 이미지, 지각적 이미지 등의 다양한 이미지가 존재한다.(W.J.T.미첼, 〈아이코놀로지:이미지, 텍스트, 이데올로기〉, 서울, 시지락, 2005, 29쪽 참조

그린 것을 어른들이 보고 "어쩜 이렇게 똑같니!", "참 잘 그렸네"라는 칭찬이 나에게 계속 그림을 그리게 했다. 고래도 춤을 주게 하는 칭찬은 그때만이 아니라 지금도 마찬가지이다. 작품에 공감하는 관객이 많아지면 그만큼의 소통의 즐거움이 커진다. 만들기의 즐거움은 작가 스스로 얻는 것이라면 소통의 즐거움은 관객과 함께 얻는 것이다.

주제 – 재료기법 – 이미지

작품의 창작을 위해서 주제와 재료기법과 이미지가 필요하다. 세 요소 중 어느 것이 먼저고 나중이냐는 없다. 다만 순서와 경중의 차이가 있을 뿐 작가는 생각하는 바를 재료기법을 통해 이미지로 옮긴다.

작가마다 경우마다 다르지만 앞서 말한 주제, 재료기법, 이미지 중 어느 하나에서부터 작품을 시작한다. 사실 작품을 어떻게 시작해야 한다는 정확한 법칙이 있는 것이 아니다. 내 경우는 이미지에서 시작할 때가 많다. 영화를 보거나 책을 읽거나 음악을 듣는 중에 그야말로 어떤 형태나 모양이 뜬금없이 생각난다. 어떤 작가는 잠에서 깬 직후에 아이디어가 생각난다고 하고, 아름다운 자연의 풍경을 볼 때 이미지를 얻는 사람도 있다. 기막힌 재료나 테크놀로지를 경험할 때도 그렇다. 새로운 재료와 매력적인 기법이 창작의 원천이 되는 것이다. 이와 관련해 오래된 일화가 있다. 재료에서 창작의 에너지를 얻는 조각가 미켈란젤로의 얘기이다. 어린 소녀가 대리석으로 작품을 만드는 미켈란젤로를 보고 그에게 왜 그렇게 힘들게 돌을 두드리느냐고 물었더니, 미켈란젤로가 바위 안에 천사가 들어있어서 지금 잠자는 천사를 깨워 자유롭게 해주는 중이라고 답했다고 한다. 이 이야기는 불후의 명작 '다비드'에 관한 것으로 이 대리석 원석은 그가 태어나기 전에 채석되어 이미 다른 조각가들에게 맡겨졌으나 어쩔 수 없었다. 레오나르도 다빈치도 고려하였지만 결국 미켈란젤로만이 바위 안에 갇혀 있는 천사를 보고 작품을 만들었다고 한다. 이렇게 재료나 기법이 새로운 작품을 불러일으키기도 하지만 새로운 주제가 창작의 동력이 될 때가 있다. 현재 몰두하고 있거나 집중하고 하고 싶은 생각이나 주장이 있을 때 작품이 만들어진다. 주제와 관련된 자료를 찾아보는 중에 새로운 기법이나 이미지 혹은 재료를 만나기도 한다.

미술작품을 이루는 주제는 왜(why), 재료기법은 어떻게(how to), 이미지는 무엇(what)에 대한 것이라 할 수 있다. 작가는 생각하는 주제를 합당한 재료와 기법을 통해 이미지를 만들며 이

것이 미술작품이 된다. 나는 주제가 떠오르면 간단한 단어나 문장으로 정리하는 편이다. 글로 내가 생각하고 있는 바를 기록으로 남겨 놓는다. 좋은 재료나 기법을 만나면 이에 해당하는 기술과 샘플을 수집하고 관련 기술이나 정보에 능통한 기술자나 전문가에게 조언을 듣는다. 이미지가 생각나면 스케치북에 그림으로 남긴다. 이것을 아이디어스케치라고 하며 맘에 들지 않거나 정확하지 않다고 느껴지면 좀 더 확실한 형태가 나올 때까지 반복해서 다듬고 때로 간단하게 모형을 만든다.

앞서 말했듯 세 요소 중 무엇이 우선인지, 어떻게 구분되는지 분절하기가 쉽지 않다. 작품을 할 때 주제가 먼저 생각나기도 하고, 어떨 때는 재료기법이 먼저일 때도 있다. 만들고 싶은 이미지(형태나 모양)가 불현듯 떠오르기도 한다. 작가는 사정에 따라 기술이나 재료에 먼저 접근하기도 하며, 어떤 형태가 먼저 떠올라 여기에 적당한 재료나 기법을 찾기도 한다. 작가가 결국 얘기하려는 주제인 개인적이며 사회적인 문제의식을 재료기법과 이미지 안에 적절하게 어울리도록 사용한다.

제작 순서

작가가 작품을 만들기 위해서 최초 구상부터 몇 개의 단계를 거친다. 이 또한 준비의 단계나 방법이 정해져 있지 않고 모든 작가가 자신의 방법을 통해 준비한다. 대개는 이미 언급한 아이디어스케치가 작품의 시작이라 할 수 있다. 아이디어스케치란 최초의 생각인 작품의 기초를 그림으로 그려보는 것을 말한다. 나는 평소 작은 수첩에 생각나는 대로 거칠게 남기고 후에 스케치북에 4B 연필이나 펜으로 형태, 이야기 등을 다듬는다. 종이에 필기도구를 사용하는데 나는 스케치북에 자주 그린다. 전자기기에 익숙한 사람들은 사용 가능한 방법으로 아이디어스케치를 다듬는다. 아이디어스케치 이후에 실제 크기를 축소형으로 모형을 만든다. 이 과정을 통해 실제 크기에서 직면할 수 있는 문제점이나 강조하고 싶은 특징 등을 검토 수정하고, 실제 크기의 작품을 제작하기 위한 재료기법을 준비한다.

감상 시작

앞서 언급한 주제, 재료기법, 이미지를 참고하여 감상할 작품을 찾아 나서려니 기분이 말할 수 없을 정도로 좋다. 시인 김용택은 평생 섬진강을 보며 살았는데도 또 하루 종일 강과 물을 보고 또 보며 그 안에서 볼만한 것들을 찾아내는데 그건 그가 대하는 물과 산이 좋아서라고 한다. 이제 감상을 시작하려니 비슷한 기분이 든다. 이틀 동안 포항의 공공미술작품을 본다고 하니 은근 즐거운 기분에 마음이 들뜬다.

하루

김용택

하루 종일 산만 보다 왔습니다
하루 종일 물만 보다 왔습니다
환하게 열리는 산
환하게 열리는 물
하루 종일 물만 보고 왔습니다
하루 종일 산만 보다가 왔습니다.[12]

---

12 〈하루〉 전문, 김용택, 그 여자네 집, 창작과 비평사, 1998, 75쪽

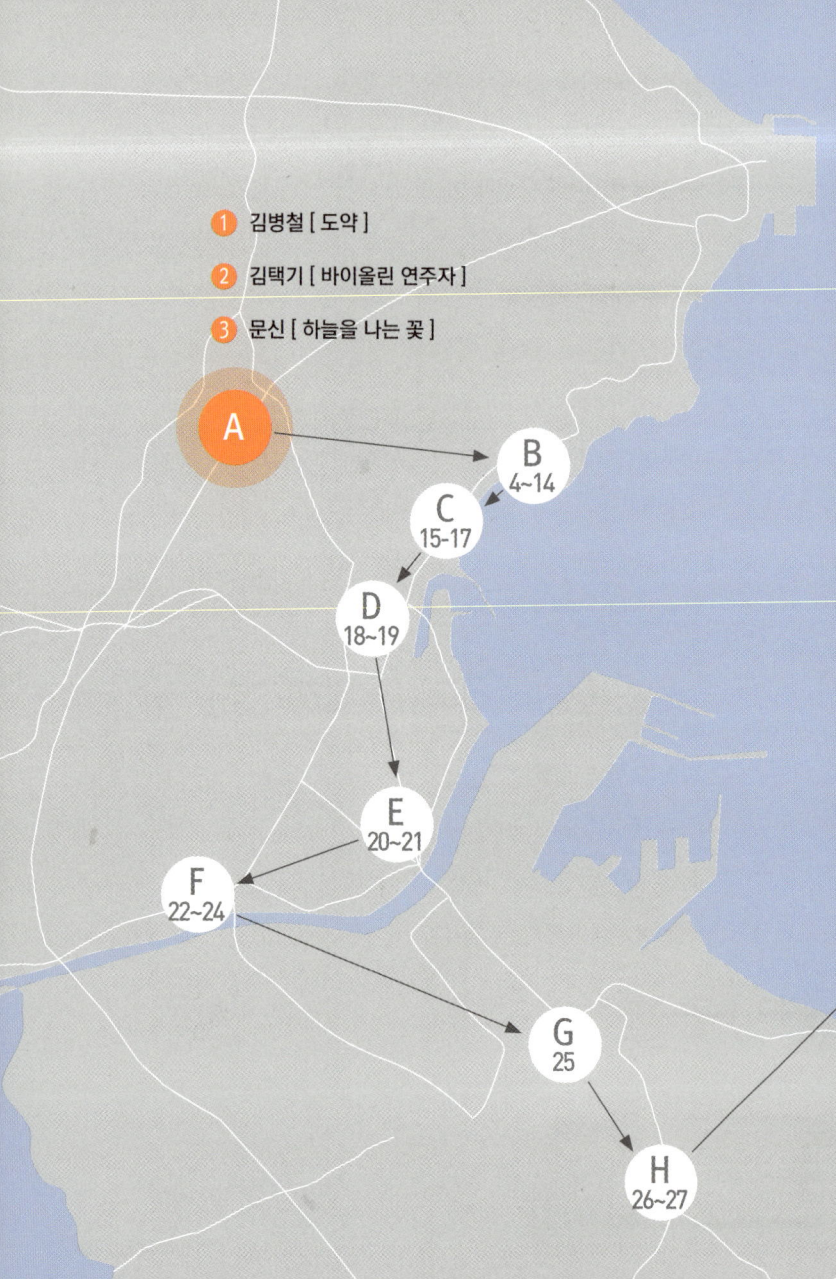

흥해읍의
포항KTX역

I
28~30

측면

김병철

[도약] 248×64×400cm / 브론즈 / 2013

포항KTX역에 가면 감상할 수 있는 석 점의 작품이 있다. 포항의 공공미술작품 감상의 시작을 미리 알고 환영하는 듯한 김병철 작가의 작품 '도약'은 역사 앞에 있는 공용주차장으로 가면 볼 수 있다. 첫 번째 작품은 '몸을 위로 솟구치는 일, 더 높은 단계로 발전하는 것을 비유적으로 이르는 일'이란 뜻 그대로 뭔가 중요한 첫발을 딛고 있다. 앞으로 뛰어나가며 뻗은 왼발과 뒤를 받치고 있는 오른발. 큰 발들이 공중에 떠서 수직에 가깝게 세워져 있다. 이에 맞춰 오른팔과 손이 달려가는 방향으로 함께 나가고 왼 팔꿈치는 높게 하늘을 찌르듯 접혀 있는 것이 잔뜩 웅크린 강력한 스프링 같고 측면에서 보면 두 팔이 스크류의 회전하는 금속 날개처럼 강인하다. 균형감 넘치는 구부린 상체와 꼿꼿하면서 평면으로 매끈하게 다듬어진 표정 없는 얼굴. 그리고 머리를 받쳐주는 짧고 간결한 목, 손바닥이 보이게 벌려진 양손, 이 손들을 몸통과 이어주는 팔뚝과 어깨, 복숭아뼈와 무릎, 골반은 모두 둥근 면으로 처리되어 있다. 수족과 얼굴 크기가 과장되게 대조되어 돌진하려는 의지가 인체에 가득하다. 몸 전체와 대지를 연결하는 흡사 병 모양의 지지대 겸 좌대 역시 분위기가 비슷하다. 김병철 작가는 주제가 돋보이도록 인체의 어떤 부분을 특별히 강하게 주장하거나 두드러지도록 그것을 더 크게 만들기나 더 작게 만드는 강조와 생략의 효과를 쓴다.

   김병철 작가는 빈터에 자라난 개망초를 보고 이 작품을 만들었다고 한다. 이는 그가 보잘것없는 꽃에서 사람의 소중함을 발

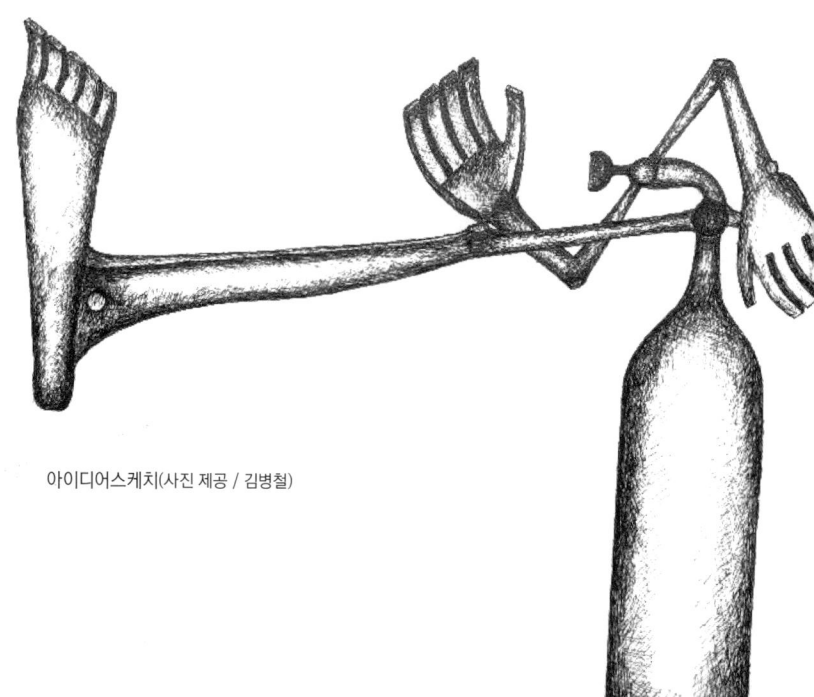

아이디어스케치(사진 제공 / 김병철)

견했다는 것을 의미한다. 개망초꽃 얘기를 들으니 안도현 시인의 '개망초꽃' 구절 중 "눈치코치 없이 아무 데서나 피는 게 아니라/ 개망초꽃은/ 사람의 눈길이 닿아야 핀다/ 이곳 저곳 널린 밥풀 같은 꽃이라고 하지만/ 개망초꽃을 개망초꽃으로 생각하는/ 사람들이 이 땅에 사는 동안/ 개망초꽃은 핀다"[13]가 생각난다. 길고 얇고 가지런한 꽃잎의 배열이 조각작품의 벌려진 손가락의 정렬을 연상시킨다. 김병철 작가는 개망초 꼴에 대해 자신의 작가 노트에 이렇게 남겼다.

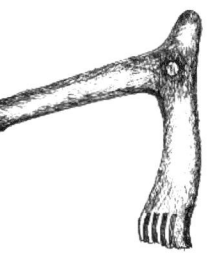

13 〈개망초꽃〉 부분, 안도현, 외롭고 높고 쓸쓸한, 문학동네, 1994, 75쪽

측면

개망초꽃

김병철

여름날 개천가와 옆 빈 터를 쳐다보니
꽃잎이 하얗고 가운데가 노란 꽃이 한창이다.
아내에게 저 꽃이 뭐냐고 물었더니.
개망초라 한다.

아! 저런 꽃이 있었구나.
누가 심지도 않았는데.
누가 가꾸지도 않았는데.
그 녀석들은 아무도 모르게 소리도 없이,
주위의 공간을 조금씩 조금씩
자기의 영토로 만들어가고 있었다.

그런 녀석들을 보며 생각했다.
누가 귀하게 여기지 않아도,
이름을 알아주지 않아도
자신의 길을 가는구나.

장미가 아니어도,

국화가 아니어도,

나같은 범부는 이름도 모르는 저 꽃은

어쩜 저렇게 질긴 생명력으로 나에게 왔는지.

하얀 그 꽃을 보며 문득 보잘것없는 내가 떠오른다.[14]

큰 걸음 떼며 어디론가 나서는 이 작품은 아무것도 아닌 것 같은 것들이 더 소중하고 가치 있게 존중되는 그런 세상이 좋은 세상이라고 말한다.

---

14 김병철의 작가 노트

정면

김택기

[바이올린 연주자] 180×110×330cm / 스테인리스 스틸 / 우레딘 도장 / 2013

앞의 작품이 인체를 생략, 과장한 형상이었다면, 이번 작품은 유명한 애니메이션 주인공 로봇이 현악기를 연주하는 모습이다. 포항의 관문인 KTX역전에 불철주야 정의를 지키기 위해 동에 번쩍 서에 번쩍하며 어디든 날아다니는 강건한 몸과 정의감 충만한 로봇이 감미로운 선율의 바이올린을 연주하고 있다. 김택기 작가는 로봇에게 차갑고 강력한 금속성과 동시에 음악의 즐겁고 유쾌한 느낌을 넣어 '바이올린 연주자'를 만들었다. 작가가 바이올린 연주자와 로봇이라는 상반된 개념을 통해 나타내려는 것은 정신적 고통과 외로운 감성 그리고 허무의 세계를 살아가는 현대인들의 모습을 표상하고, 또한 인간의 감성을 매만지는 희망 요소를 담기 위한 것이라고 한다.[15]

김택기 작가는 바이올린을 연주하는 태권브이 로봇을 스테인

---

15 김택기의 작가 노트 참고

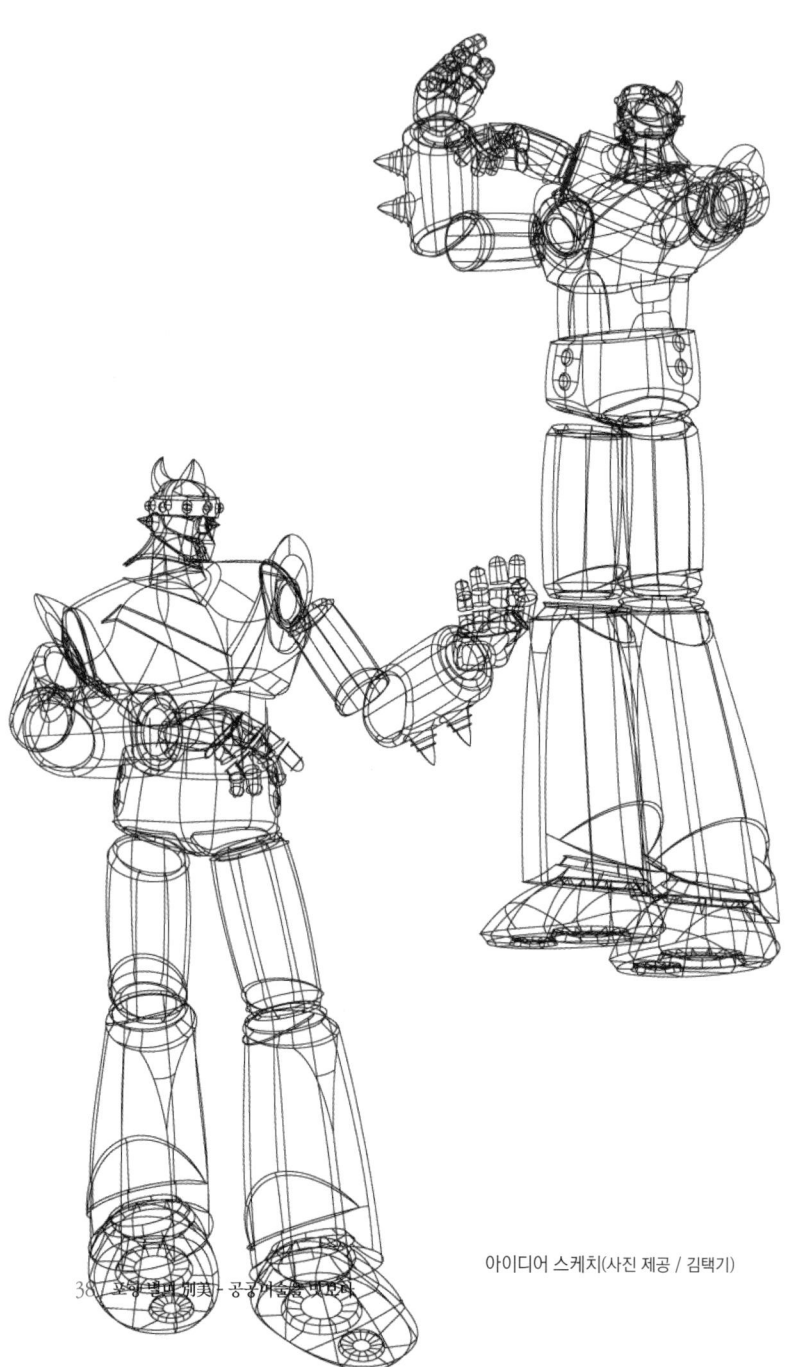

아이디어 스케치(사진 제공 / 김택기)

리스 스틸 파이프를 가공하여 만들었다. 작가가 이렇게 양감에 연연하지 않고 선재를 사용한 이유는 나름 분명해 보인다. 나무나 돌로 만든 전통적인 조각품은 부피를 느끼게 하는 양감을 중요하게 여긴다. 부피나 무게처럼 물질의 입체감을 느끼게 만드는 양감은 매스(mass)와 볼륨(volume)으로 혼용하는데 둘 다 입체의 부피감이지만 매스는 내부가 채워져 있는 것을, 내부가 비어있는 것을 볼륨으로 구분한다. 돌덩이를 매스로, 고무풍선을 볼륨으로 이해하면 쉽다. 어쨌든 선재를 사용하여 만든 이 작품은 앞서 말한 양감으로 형태를 묘사하지 않았다. 도리어 공간 즉 아무것도 없는 빈 곳을 작품의 형태에 적용했다. 양감은 없지만 4m에 가까운 이 로봇을 보고 있으면 멀리는 아파트의 모습이, 가깝게는 지나가는 사람들이 단순히 배경이 아닌 그 이상의 무엇이 된다. 양감으로 꽉 찬 작품에서는 어림없는 일이 생긴다. 하늘을 배경으로 작품을 보면 작품 속으로 하늘이 들어오고, 작품 주위를 이리저리 비키며 바라보면 주변의 나무며 지나가는 사람, 가로등이 작품 사이로 들어온다. 마치 단음조의 바이올린 선율에 오케스트라의 여러 악기가 화성을 이루며 결합하는 것 같다.

   선재로 묘사된 태권브이 로봇 작품이 철강 도시 포항의 시작 지점에 있으니 나름대로 의미가 있다. 1970년대 중반 이후 '태권브이 로봇'으로 대표되는 거대 로봇은 1960년대 일본이 만든

세부

'철인 28호', '마징가 Z' 등의 영향을 받아 우리나라에서 만든 애니메이션 주인공이다. 당시 우리나라는 인터넷과 비니오는 물론이고 TV조차 컬러가 아니었던 때라 이런 로봇 애니메이션은 일본 것을 모방한 결과물이었지만 어린 시절을 보낸 40~50대에게 인기 폭발이었다. 격세지감인 것은 지금은 도리어 한류 드라마를 시작으로 우리나라의 많은 문화 컨텐츠가 일본에 자리 잡고 있다. 우리의 철강 산업 역시 1964~5년에 독일과 미국의 도움으로 세우려던 종합제철소가 무산되고 결국 1969년 일본의 지원으로 1973년에 포항 1기 공사가 완료되어 철강 산업이 시작됐고 현재 조강 산업 기준 세계 5~6위 정도이다.[16] 메탈로 만든 거대한 로봇 작품이 포항의 관문에 있으니 느낌이 새롭다.

김택기 작가는 손 그림으로 아이디어스케치를 하지 않고 컴퓨터에서 기계 도면 만들 듯 그린다. 제작 역시 훌륭하고 정교한 우주 기계를 만들 듯 독특한 기법을 사용한다. 공중을 나는 신기한 로봇의 바이올린 연주를 들으며 다니는 즐거운 여행처럼 인생이 그랬으면 좋겠다.

---

16 https://ncms.nculture.org/exotic-museums/story/8790 참고

측면

문신

[하늘을 나는 꽃] 366×192×338cm / 스베인리스 스틸 / 1989

    포항에는 문신 작가의 작품이 적어도 두 점 이상이 있다. 그중 하나가 포항 KTX역사 앞의 '하늘을 나는 꽃'이고, 또 하나는 환여동의 포항시립미술관 뜰에 있는 '개미'이다. '하늘을 나는 꽃'은 포항 KTX역의 매표소가 있는 2층에서 에스컬레이터를 타고 역의 광장으로 내려와 왼편으로 돌아서면 나오는 바깥 뜰에 있다. 이 작품을 이야기하려니 최근 국립현대미술관 덕수궁에서 열렸던 '문신 탄생 100주년 기념 특별전 문신: 우주를 향하여'[17]를 언급하지 않을 수 없다. 이 전시에서 생전의 문신 작가의 예술활동과 정신을 소상히 볼 수 있었고 '하늘을 나는 꽃'과 관련된 자료도 있었다. 전시회에서 나온 작품은 크기 58×61×22cm의 소품으로 제목과 제작연도(1989년)가 포항KTX역사의 '하늘을 나는 꽃'과 같다고 소개된 것을 보니, 아마도 대형 작품

---

17   국립련대미술관 덕수궁에서 2022년 9월 1일부터 2023년 1월 29일까지 열렸다.

정면

을 하기 위한 모형인 것 같았다. 크기도 그렇지만 재료도 스테인리스 스틸이 아닌 브론즈였다.

KTX역의 바깥광장의 '하늘을 나는 꽃'은 반사되는 스테인리스 스틸 판재를 불룩하게 사용한 작품으로 사방의 구름이나 하늘이 작품에 비친다. 요즘 이렇게 스테인리스 스틸을 사물이 완벽하게 비칠 정도로 연마하여 거울 효과로 쓰는 작가가 많다. 어쩌면 우리나라에서 이런 기법을 본격적으로 작품에 적용한 이가 문신 작가가 아닌가 싶다. 특별전 관계자에 의하면, 그의 작업실에 스테인리스 스틸 주물 시설이 없었지만, 1985년에 만든 '우주를 향하여'(덕수궁 석조전 앞에 설치되었던)에 이미 스테인리스 스틸을 사용한 것으로 볼 때 80년대 초반부터 문신 작가가 이 재료를 사용했다고 한다. 이것이 주물인지, 판재를 이어 붙인 것인지 확인이 어렵지만 분명한 것은 1981년에 입국한 후 한국의 열악한 브론즈 기술 대신 스테인리스 스틸을 사용했다는 것이다.

소품(문신 탄생 100주년 기념 특별전 문신 : 우주를 향하여)

환여동의 포항시립미술관과 환호공원

I
28~30

- ④ 문 신 [개미]
- ⑤ 이웅배 [공동체]
- ⑥ 오의석 [사랑으로]
- ⑦ 김상균 [풍경-기억의 방 Pohang 2012]
- ⑧ 강대영 [자화상(Self-portrait)]
- ⑨ 이상길 [Contact 내 마음의 전파 망원경]
- ⑩ 박은생 [돌맹이-울림]
- ⑪ 우무길 [숙원(宿願)]
- ⑫ 하이케무터, 울리히겐츠 [스페이스 워크]
- ⑬ 임영희 [프롤로그-포에틱 2(Prologue-Poem II)]
- ⑭ 황성준 [침묵의 시간 세우기]

정면

문신

[개미] 스테인리스 스틸 / 130×70×180cm / 1991

　흥해읍의 포항KTX역에서 문신 작가의 두 번째 작품이 있는 환여동의 포항시립미술관으로 자리를 옮겼다.

　첫 번째 작품 '하늘을 나는 꽃'은 3m가 훨씬 넘지만 포항시립미술관의 작품 '개미'는 어른 키 정도라 친숙하여 감상하기 좋다. 이 작품은 정면에서 보면 좌우가 대칭을 이루고 있고 역시 표면이 매끄럽게 반사되어 보는 사람의 모습과 배경을 비춰주는 슈퍼미로[18] 효과가 있다. 문신 작가의 슈퍼미로 효과는 최근 작가들처럼 매끄럽지 않다. 딱 떨어지는 말끔함보다 약간의 울퉁불퉁한 손맛이 있다. 작품 앞에 선 관람객의 얼굴과 미술관과 주위의 작품들과 숲과 하늘이 왜곡되어 보이는 것이 철학자 한병철이 제프 쿤스를 빗대어 말한 매끄러움과는 전혀 다른 것으로, 판재의 주름진 굴곡에 반사된 물체가 사실적이지 않게 맺혀져서

18　소재의 표면을 연마하거나 코팅을 하여 만드는 거울 효과.

세부

새로운 이야기와 상상들이 만들어진다. 표면 마감과 더불어 대칭을 이루는 형태 역시 완전히 좌우가 같지 않고 약간의 불일치가 있다. 요즘 같으면 컴퓨터로 완벽하게 대칭을 맞췄겠지만, 이 작품을 제작할 당시가 컴퓨터 없이 제작하던 시기라 그랬는지 아니면 본래 작가의 의도인지 알 수 없다. 하여간 컴퓨터를 이용한 것에 비해 훨씬 여유로운 손맛이 나서 차가운 금속 작품이지만 따뜻하다. 작품의 표면에 맺혀진 굴곡은 어려운 삶 속에서도 예술가의 길을 가려고 무던히 애쓴 한 인간의 삶을 말하는 것 같아 작품은 작가의 삶과 분리되는 것이 아니라는 생각이 들었다.

문신 작가는 1922년 일본 사가켄 다케오에서 탄광 노역자인 아버지와 일본인 어머니 사이에서 태어났고 탁아소에서 생활하던 다섯 살 때 어머니와 강제로 헤어지며 마산으로 돌아와 할머니 슬하에서 초등학교를 졸업했다. 이후 간판 그리는 일을 하며 화가의 꿈을 키우다가 일본으로 밀항하여 본격적으로 미술공부를 하던 중 해방이 되어 귀국하였고, 작가로 활동하던 1961년부터 1965년까지 프랑스에 머물다 한국으로 돌아왔다. 그리고 1968년 다시 프랑스로 돌아가 영구 귀국할 때까지 그곳에서 머물렀다.

문신 작가는 처음부터 조각작품에 몰두하지 않았다. 그는 가난한 신분으로 프랑스에서 어려운 생활을 하던 중 헝가리 조각

측면

가 나즐로 자보의 라브넬 고성을 수선하는 도우미로 고용되어 일하던 중 조각에 눈을 뜨게 되었다. 1961년부터 프랑스에서 때때로 목수, 미장이, 석공으로 고성의 복구작업을 해내며 사물의 실험성, 구체성, 견고성의 영감을 얻었다.[19] 그는 건축 현장에서 경험한 기법과 재료들을 평면이 아닌 조각작품에 적용하며 프랑스에서 명성을 얻기 시작했다. 문신 작가의 작품 특징을 말할 때 대칭성과 생명성을 든다. 자연 속의 식물, 곤충 혹은 새들의 모습과 닮은 시메트리(좌우균제)의 생명의 원리가 대지에서 싹이 돋아나 서로 마주 보는 떡잎, 새가 날개를 펼치고 허공을 나래짓 하는 모습, 나비 두 마리가 입맞춤하는 듯한 모습 등으로 묘사한 것과 같다고 한다.[20] 포항에서 만나는 문신 작가의 작품은 스테인리스 스틸의 차가운 금속성이지만 생명이 굼틀거릴듯한 모양과 그 표면에 반사되어 맺어지는 세계는 거칠고 차가운 겨울을 뚫고 터질 듯 솟아나는 봄의 녹색 같다.

---

19 문신미술관 홈페이지 참조
20 문신미술관 홈페이지 참조

녹색

이영광

녹색은 핏방울처럼 돋아난다.
온 세상이 상처이다.

먼 들판에 시내에 눈 녹는 숲에
연록의 피가 흐른다.

당신 가슴이 당신을 찢고 나오려 하듯이
당신이 항거를 그치고
한덩이 심장이 되고 말듯이

녹색은 온 세상을 제 굳건한 자리에서
터질 듯 나타나게 한다.
온 세상이 다시 온 세상을 정신없이
찾아내게 한다.

녹색은 녹색이 죽은 땅을 지나 여기 왔고
폭설의 계엄령을 뚫고 여기 왔고

녹색이 죽은 땅을 선 채로 해방시키고 있다.

하늘 아래 새로운 것은 어디에도 없지만
당신의 아픈 대지를 흐르는 건
모두 새로 난 것들이다.[21]

---

21 〈녹색〉 전문, 이영광, 아픈천국, 창비, 2010, 25~53쪽

2022년 포항시립미술관

이웅배

[공동체] 250×250×200cm / 스테인리스 스틸 / 분채도장 / 2012

 포항시립미술관에 있는 작품 '공동체'는 저자가 2012년 스틸아트페스티벌에 초대되어 현재의 영일교와 포항동부초등학교의 사이에 있는 영일대 장미원 그러니까 당시에는 두호동사무소 공영주차장 옆 교통섬이라고 부르던 풀밭에 설치한 것이다. 포항스틸아트페스티벌의 예정되었던 전시기간이 지나면 모든 작품이 시내의 여러 장소로 분산되는 것처럼 이 작품 역시 옮겨졌는데 새로운 장소가 바로 포항시립미술관이다. '공동체' 시리즈 중 하나인 이 작품은 관객이 참여하여 만지고 올라가고 걸터앉을 수 있는 것이 특징이다. 일반적으로 미술작품을 만지는 것이 금지되어 있지만 나는 3차원의 예술인 조각작품은 시각적인 효과는 물론 촉각적 감상[22]도 중요하게 생각해서 작품을 계획

---

22 허버트 리드는 조각을 촉각(palpation)의 예술이라 정의하면서 "진정한 조각가는 작업과정 중에 끊임없이 작품을 어루만져 본다. 이것은 단순히 표현을 느껴 보기 위함만이 아니라, 물론 그것도 하나의 목적이겠지만 그들의 순수한 의도는 작품의 형태와 양감을 알아보려는 데에 있다. 불행하게도 관람자들은 '전시물에 손을 대지 말도록' 요청받고 있다. 이러한 조치 때문에 관람자들은 조각을 감상하는데에 필수적인, 만져서 느끼고 손으로 다루어 보는 감상의 기회를 박탈당하고 있다"고 한다.(허버트 리드, 조각이란 무엇인가, 열화당, 1984, 56~57쪽 참고)

할 때부터 어떻게 하면 만지게 할지 고려한다. 미술작품에 관객의 몸이 닿으면 손상이 생기는 것 때문에 어렸을 때부터 미술 전시장에 가면 작품 제목이나 작가가 누군지 등을 알려주는 표시보다 '만지지 마시오'라는 글귀를 보며 '관객이 만질 수 있는 작품은 없나?'라는 궁금증이 늘 있었다. 이와 같은 촉각적인 감상에 대한 문제의식 즉 선을 그어놓고 넘지 못하게 하고 경계하는 것에 대한 불편함은 실향민 부친과 관계가 있다. 황해도 연안 출신의 실향민 부친이 열다섯 살 이후 전쟁으로 고향에 갈 수 없는 분단의 고통을 오랫동안 봤기 때문에 나는 철조망과 장벽의 시멘트 같이 가로막는 장벽을 상징하는 재료로 '고난의 산' 시리즈를 20대부터 만들었다. 이때까지는 관객이 만지기 어려웠지만 2000년 전후부터 배관을 이용해 관객이 만질 수 있는 공동체 시리즈를, 근년 들어서 연질 PVC의 '부드러운 장벽' 시리즈(2018년, 2019년)는 촉각적인 감상이 가능한 작품이다.

작품 '공동체'에 사용하는 배관은 일상의 여러 곳에서 가스, 기름 같은 에너지나 상하수도, 전기와 통신의 길로 쓰는 것으로 소통과 연결의 상징이다. 나는 이런 배관을 다양하게 연결한 유기적인 형태로 관객이 만지고 걸터앉고 두드리며 놀 수 있도록 만든다. 이것은 단순히 시각적으로 아름다운 형태뿐만 아니라 모양과 크기 그리고 균형과 안전 등을 고려하여 촉각적 감상이

2012년 한결이와 한솔이(사진 / 안진우)

2022년 한결이와 한솔이(사진 제공 / 황상해)

아이디어스케치

가능하도록 점검하는 것이다. 관객이 작품을 만지며 감상할 때 눈으로 감상하는 것과 다른 것을 얻을 수 있기 때문이다. 촉각의 만지기는 입체물의 중량감, 양감, 부피감 등의 특징을 경험하게 한다. 눈으로 볼 수 없는 숨겨진 특성을 경험하게 하는 촉각적 감상은 작가가 작품을 제작할 때 느끼던 체험을 공유하게 한다. 눈으로 보는 것과 손으로 만지는 것은 상보적이어서 감춰져 있거나 잠재된 것을 능동적으로 찾아내는 도움을 준다. 마치 피아니스트가 건반을 손으로 연주하면(만지면) 눈에 보이지 않던 음악이 만들어지듯 새로운 것이 나타난다.

공동체 시리즈의 작품이 설치된 곳에 가면 아이들이 작품을 올라타서 만지는 것을 볼 수 있다. 동행한 보호자들은 작품을 향해 달려가는 아이들을 기겁하며 말리기 일쑤지만 만져도 되는 작품인 것을 알아차리면 어른들 역시 함께 걸터앉거나 매달리거나 쓰다듬거나 두들긴다. 때로 따뜻한 커피와 함께 기댄다. 나는 이렇게 차가운 금속 재료로 만들어진 작품에 사람의 손길이 닿아 온기가 전해지며 작품과 사람(관객)이 공동체로 하나 되기를 기대한다.

2012년 당시 작품의 설치가 막 끝난 9월 하순의 오후가 기억난다. 작품설치는 시민들과 인근의 한동대 학생들이 함께 참여하는 '작품설치 오픈 플레이' 공개 행사로 치러졌다. 이 행사는

2012년 설치 장면(사진 / 안진우)

포항스틸아트페스티벌 운영위원회가 작품 제막 행사를 겸하여 주관한 것으로, 먼저 작품에 대해 작가가 설명하고 설치를 마치면 시민들과 함께 제막 행사를 하는 것으로 폴라로이드 사진 촬영과 놀이가 계획되어 있었다. 순서에 맞춰 작품이 안전하게 설치된 것을 확인하고 이제부터 관객의 접촉이 가능하다는 안내를 마치자 지켜보던 시민 중에 두 아이가 가장 먼저 작품에 쏜살같이 달려들었다. 6살, 4살의 한솔이와 한결이 형제로 한참을 작품과 함께 놀더니 큰 아이는 작품의 오른편 끝까지 올라갔다. 동생은 아직 어려 아래에서 형에게 뭔가를 얘기하던 장면이 생생하다. 지금은 어찌 지내는지, 포항에 설치된 작품 '공동체'의 첫 번째 관객이었던 이 형제 소식을 알아보니 중3, 중1의 사춘기 청소년으로 어엿하게 컸다는 소식과 미술관 뜰로 옮겨진 작품과 함께한 사진을 볼 수 있었다. 훌쩍 자란 아이들이 대견해 보이는 한편 작품은 상대적으로 왜소해져서 같은 작품이 맞나 싶어 파하! 웃음이 나온다.

정면

오의석

[사랑으로] 93×45×100cm / 철 / 1985

 오의석 작가의 '사랑으로'는 포항시립미술관의 다른 작품들에 비해 크지 않다. 1985년에 제작된 이 작품은 2012년 스틸아트 페스티벌 초대작으로 행사를 마친 후 미술관 야외에 상설 전시됐다. '사랑으로'는 사랑의 상징인 하트를 비어있는 공간으로 두고 그 외곽을 고철로 둘러쌓아 만든 것으로, 반지처럼 가운데가 뚫려있다. 이 작품은 오의석 작가가 전기용접으로 기계 폐품과 철 오브제를 접합하여 만든 작가의 초기 작품이며 1950년대 이후 유럽과 미국의 정크아트에서 누보레알리즘과 네오다다의 쇠부스러기 스크랩으로 산업 폐기물이나 공업제품의 폐품을 사용하던 것과 맥락을 같이 한다. 오의석 작가는 이런 기법으로 만든 자신의 작품을 '부활의 조형'이라 부른다. 본래의 기능과 역할이 상실되거나 폐기된 상태로 있던 산업 오브제와 고철이 새로운 의미를 지니는 전이의 과정을 거쳐 작품으로 나타나며, 부활이란 죽음과 생명을 그리고 회복을 전제로 한다는 사실과 통한다

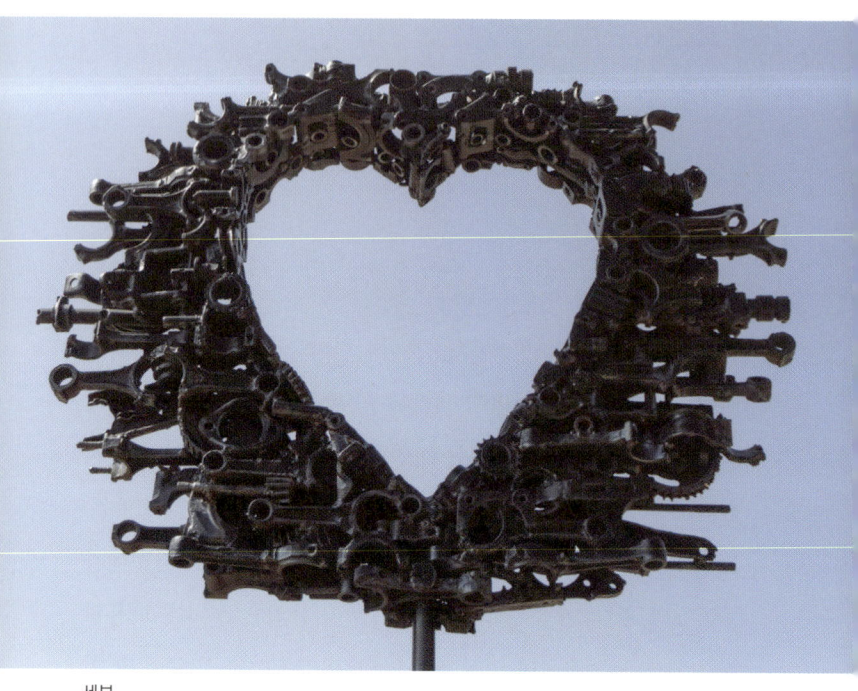

세부

고 생각하기 때문이다. 그는 1980년대에 다양한 십자가 형태 연작과 인간과 더불어 자연의 회복을 표현하기 위해 사연석과 절 오브제 혹은 자연목과 철 오브제를 사용했고, 시대의 현실과 사회 구조에 대한 저항과 시위를 철 대문, 창(窓), 호미와 괭이, 쇠스랑 등의 농기구, 오브제 접합과 철판 등을 사용했다.[23] 문신 작가가 프랑스의 라브넬 옛 성을 수리하면서 돌을 쪼개고 다듬는 과정에서 조형 감각을 터득했듯 오의석 작가는 자동차 폐부품으로 집적, 집합하는 아상블라주 기법을 다듬었다.

오의석 작가에 의하면 이 작품의 처음 제목을 '밀월'로 붙였는데 너무 개인적이라는 생각이 들어 사회적인 느낌의 '사랑으로'로 바꿨다고 한다. 유행가 '사랑으로'가 세상에 알려지기 전에 그렇게 했다는 것이다. 1985년에 결혼한 오의석 작가는 신혼여행에서 돌아온 직후 국립현대미술관에서 35세 이하 청년 작가들을 위한 기획전 '85 청년작가전'에 작품 네 점을 출품해야 했다. 그런데 재료비와 제작비를 마련하지 못해 고민 끝에 1984년 중앙미술대전 출품작 '평화 1984-서울'을 해체하고 이를 재료 삼아 새 작품을 제작하여 출품했다고 한다. 자동차 폐차장에서 구한 부품으로 만든 '평화 1984-서울'은 이렇게 새 작품으로 다

---

23 이웅배, 영원의 탐구, 오의석의 조형세계(오의석 작품집-말씀과 형상), 진흥아트홀, 2003, 5쪽 참고

시 태어난 것이다. 당시의 얘기를 듣고 작품을 보니 거칠고 살벌한 기계 오브제로 둘러 쌓여있는 것이 가난한 젊은 예술가에게는 온통 어려움이었지만 내부에서는 순백처럼 아름다운 사랑과 창작의 마음이 가득하게 느껴진다.

전통적으로 조각가는 3차원적인 체적이나 용적을 다룬다. 이때 체적과 용적은 공간과 함께 성립된다. 공간은 비어있으므로 무엇인가를 자리 잡을 수 있게 하는 넓이나 범위, 면적이다. 공간이란 물건이 놓일 수 있는 한복판이고 명백한 지점들이 동시에 존재할 수 있는 영역이며 물리적인 현상들과 물질적인 물체가 자리 잡는 범위를 구상하는 넓이나 범위이다. 공간 즉 비어있음은 결핍되었다가 어떤 물체가 자리 잡을 때 비로소 그 가치가 생기는 수동적인 특징을 가진다. 그런데 조각가는 이러한 공간을 조형적이고 가변적인 재료[24]라고 생각한다. 조각가들은 '비어있음'을 부재 혹은 결핍이 아닌 적극적이고 활기찬 힘을 가진 조형적 재료로 생각한다. 이는 공간 자체를 조각의 표현 매체로 여긴다는 뜻이다. 공간을 적극적으로 수용해서 조각의 주체적인 구성요소가 된 것을 의미하며 전통적인 매체의 제한에서 벗어나 열린 형태의 작품 제작을 하게 된 것이다. 시립미술관의 야외를

---

24 앙리 포시옹에 의하면 공간은 예술작품의 거처이며 조형적이고 가변적인 재료이다.(앙리 포시옹의 형태의 삶, 학고재, 2001, 42쪽 참고)

세부

거닐다 보면 '사랑으로'의 하트 안에 자세를 잡은 시민들의 사진 찍는 모습이 종종 보인다. 포토존으로 치자면 이만한 작품이 어디 있겠냐 싶을 정도로 관람객의 사랑을 받는다. 차가운 폐철이 이렇게 따뜻한 온기를 뿜고 있다. 정년 퇴임 후 창작에 몰두하고 있다는 오의석 작가의 근황을 가끔 SNS에서 확인할 수 있다. 교육자로 정년을 맞은 것이지 작가로서는 또 다른 변곡점의 시간을 맞아 예전보다 더 창작에 몰두하는 것 같다.

평화 1984-서울, 150×35×65cm, 자연석, 철 오브제 (사진 제공 / 오의석 작가)

조각가는 무엇으로 사는가?

1980년대, 정크(Junk) 조각으로 석사 논문을 쓰면서

고철 오브제 용접에 푹 빠져 지냈습니다.

시대를 반영하는 매체로 나름 매력이 있었지만

청년조각가의 가난했던 시절,

다른 재료를 선택할 자유가 없었답니다.

고철 스크랩으로 시대를 기록하고 창작하면서

미래를 꿈꾸었던 나름 치열했던 작업 흔적입니다.

요즘은 도시의 농부로 변신하여 새로운 작품들을 제작 중입니다.

올가을 배추 농사,

아쉽지만 그런대로

조각가의 대지예술(Land Art) 역작입니다.[25]

---

[25] 오의석의 SNS

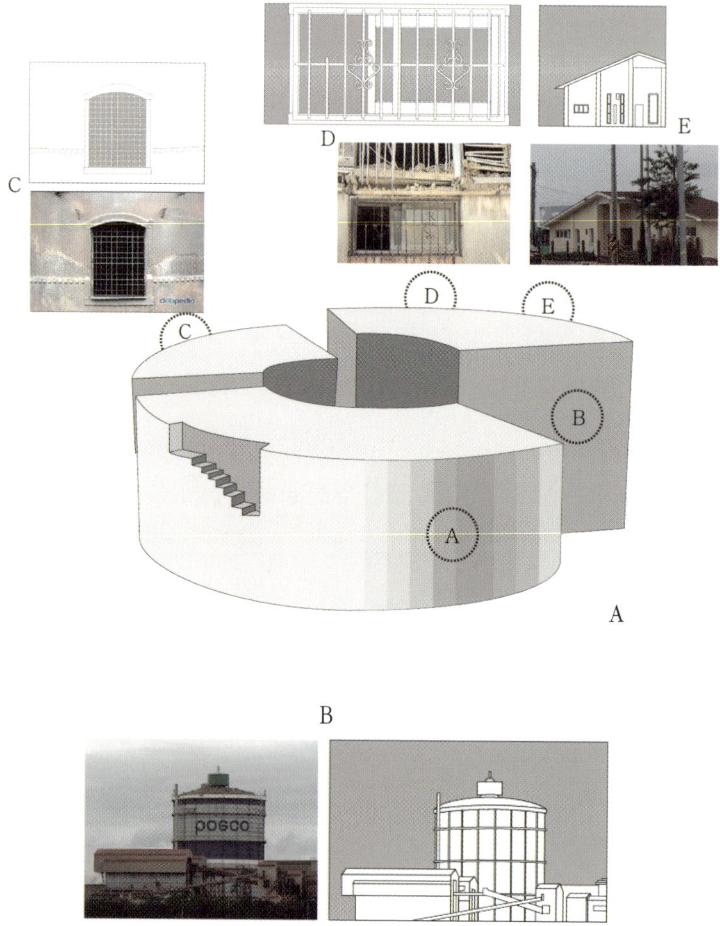

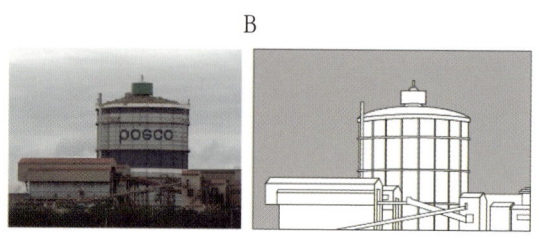

작품계획1(사진 제공 / 김상균)

김상균

[풍경-기억의 방 Pohang 2012]
300×300×95cm / 그라우트 / 스테인리스 스틸 / 2010

 김상균 작가의 '풍경-기억의 방 포항 2012'는 3개의 덩어리가 모여 테이블 모양이 되는 작품으로 각각의 높이가 60, 80, 90cm이며, 스테인리스 스틸 판재의 세련된 직선과 곡선이 섞여 있다. 회색과 은빛이 모호한 경계를 이루며 약간 어두운 느낌을 주지만 간혹 작품의 커다란 면들이 만나는 모서리에서 반짝이는 하이라이트가 눈길을 끈다. 특히 금속 판재의 중간에 들어 있는 것은 포항에 있던 오래된 건물들로, 김상균 작가가 그라우트라는 특수 시멘트 기법으로 만든 것이다. 석회석을 원료로 만드는 시멘트는 크게 모르타르와 콘크리트로 나눈다. 모르타르는 시멘트에 모래를 섞은 것이며 콘크리트는 시멘트를 모래와 자갈과 섞은 것으로 모르타르는 미장용, 타일용, 그라우트는 보수, 보강용이다. 김상균 작가가 쓰는 그라우트는 강도가 좋고 무수축이 장점이라 통칭 무수축 그라우트라고 부른다. 빈틈없는 시

정면

B. 환여동의 포항시립미술관과 환호공원

공에 사용되기 때문에 액체 상태로 쓰이며 세밀한 작품에 좋다. 김상균 작가는 그라우트 기법으로 최초로 철강제련을 하던 삼화제철소의 고로(高爐)와 주택의 창문 쇠창살 그리고 포항제철 공장의 일부분을 만들었다. 은빛의 스테인리스 스틸 판재의 직선과 곡선으로 이뤄진 면보다 상대적으로 작은 그라우트로 만든 건축물을 움푹 파인 작품의 큰 면 곳곳에 놓았는데 묘하게 절벽이나 심산유곡의 암자나 수도원 같은 느낌을 준다. 깎아지른 절벽이나 낭떠러지에 고독하거나 혹은 유유하게 세속을 잊은듯한 이런 분위기는 그간 김상균 작가의 작품에서 느껴지는 약간 어둡고 동시에 사색적이며 묵시적인 말품새와 비슷하다.

김상균 작가는 도시의 공간과 건축물을 관찰한 후 자료를 수집하고 다듬고 디지털 드로잉을 거치면서 작품을 시작한다. 여러 건물을 결합한 건축적인 조각작품을 만드는 이런 기법은 이 작가만의 독특한 표현법이다. 그의 작품은 시멘트로 만들어졌지만 건조하고 답답하기보다 줄거리가 긴 이야기의 씨앗이 뿌려진 밭고랑 같다. 포항을 자기만의 방식으로 해석한 김상균 작가는 현대화되어 깔끔한 제철 도시의 외형과는 다르게 일제강점기와 근대화 시기를 포함한 포항의 숨겨진 작은 이야기를 찾아 작품 속에 담았다. 오래된 농가에 설치된 방범용 창틀과 허물어진 담장, 적산가옥 같아 보이는 주택의 옆 모습, 연식이 오랜 제철소

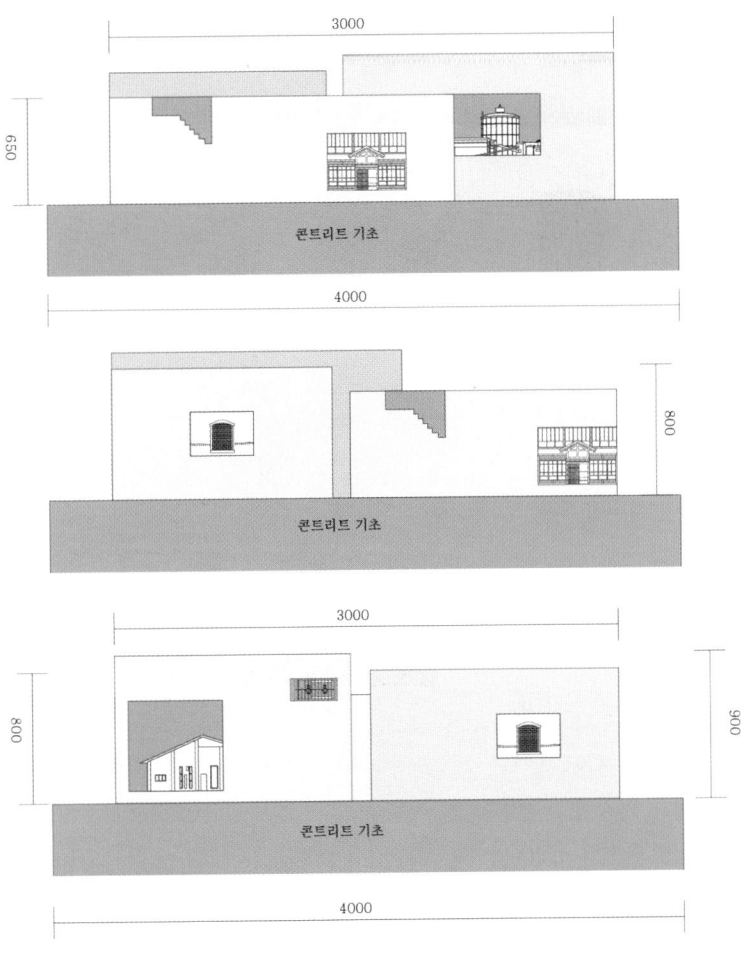

작품계획2(사진 제공 / 김상균)

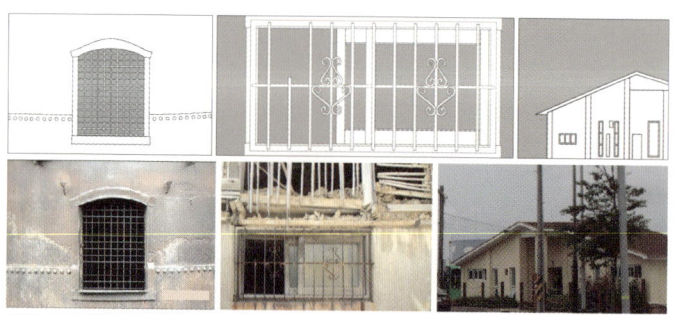

포항 (구)삼화제철소 고로   포항 구룡포 인근 농가 창살   구룡포 근대문화 역사거리

작품계획3
(사진 제공 / 김상균)

포스코 포항제철소   구룡포 근대문화 역사거리 사적

세부

의 시설, 지금은 없어진 고로(高爐)의 전부이거나 일부분을 작품에 적용한다. 김상균 작가는 이렇게 오래전에 잊혀졌지만 중요한 것을 확인시켜준다.

2012년(사진 제공 / 강대영)

강대영

[자화상(Self-portrait)] 500×450×500cm / 스틸 / 2012

 미술관 전면을 바라보며 왼편으로 돌면 오르막 언덕이 나온다. 비탈이 시작되는 지점에 여럿의 작품을 볼 수 있는데, 왼편 끝 풀밭과 숲이 만나는 곳에 강대영 작가의 작품 '자화상'이 있다. 한눈에 '자화상'은 모기이다. 크기가 5m나 되는 대형 모기 한 마리이다. 강대영 작가는 해충인 모기와 현대인이 비슷하다고 생각한다. 집단의 이기적 공격성, 성가심, 혐오, 끝없는 욕망을 가진 현대인을 모기에 빗댄 것으로 모기는 강 작가의 시그니처 작품이다. 강대영 작가에 의하면 제목이 자화상인 것은 모기를 통해 사회적인 주제를 다루는 것으로 자신의 이익을 위해서라면 다른 사람을 쉽게 공격하는 인간의 탐욕에 모기의 이미지를 오버랩했기 때문이라고 한다.

 강대영 작가는 줄곧 아주 얇은 금속 선을 이용해서 소형의 모기를 만들었다. 얇은 전선의 피복을 거두면 나오는 0.2mm짜리 구리선을 의료용 핀셋으로 작품의 세부적인 부분까지 만든다.

모기에 절묘한 재료를 적용한 것이다. 다루는 주제와 이를 표현하는 재료기법 그리고 작품의 이미지가 독특하고 적절하게 어울린다. 그는 재료를 다룰 때 전선의 얇은 양감에 연연하지 않고 도리어 표현 가능한 최소한의 양감만을 사용한다. 선재를 사용하는 작가들은 대개 가느다란 재료를 효과적으로 사용하기 위해 여러 겹으로 사용하거나 엮기와 뜨개질 같은 기법으로 망이나 그물 구조로 원하는 생김새나 모양에 적용한다. 선 자체만으로 양감의 표현이 쉽지 않아 이에 대한 나름의 보완책인 것인데 강대영 작가는 정면 돌파를 택한다. 얇은 선을 그대로 사용하여 모기의 형태를 주저 없이 표현한다. 아주 작은 크기에서 시작하여 점점 다양한 크기의 모기를 만들면서 재료도 이에 맞춰 변화를 주고, 작품을 설치할 때는 여럿의 모기가 찻잔에 모여있는 것 같이 모기의 크기와 형태가 돋보이는 방식을 쓴다. 미술관에 있는 모기는 스케일이 거대하여 재료도 가느다란 구리선에서 강력하고 두꺼운 철봉과 파이프로 대체한 후 곡선 가공을 위해 밴딩 기법을, 보이지 않는 부분에는 용접을 사용했다. 작품을 직접 보기 전에는 거대해진 모기가 과연 어떨지 상상이 쉽지 않았지만, 실제로 보면 재료와 기법의 변화와 더불어 거대한 모기가 미술관의 언덕과 무리 없이 잘 어울린다. 현장의 언덕 아래에서 바라보면 풀밭과 나무 그리고 하늘을 배경으로 모기가 있다. 반대 방

세부

측면

향 즉 언덕 위쪽에서 미술관 뜰을 배경으로 보면 거대한 모기가 저 너머의 아파트촌과 겹쳐지면서 더 커 보인다. 한여름이 지나고 계절이 가을 문턱쯤 되었을 때 이 작품을 보러 갔더니 진동음 250~1000Hz의 초당 200~1000번씩 날개를 움직이는 진짜 모기들이 반갑게(?) 맞아준다. 강대영 작가의 모기 옆에서 이들이 감히 기승을 부리고 있었다.

  10년이 지난 지금도 여전히 모기 형상에 집중하고 있는지 아니면 다른 작품을 하고 있는지 궁금하여 강대영 작가에게 물었다. 그는 찬찬하고 빠르지 않은 어투로 요즘 키네틱에 대한 관심이 많아 센서와 모터를 이용한 움직이는 작품에 몰두하고 있다고 답한다. 정지해 있던 모기가 딸가닥거리며 움직이는 양은 냄비로 변했다는 것이다. 어떤 이유로 이런 변화가 생긴 것인지 궁금하다고 물으니 "모기 작업에 한계를 느껴서"라며 간결하게 답했다. 쉽지 않은 결정이었을 텐데 새로운 작품에 도전한 용기가 대단하다.

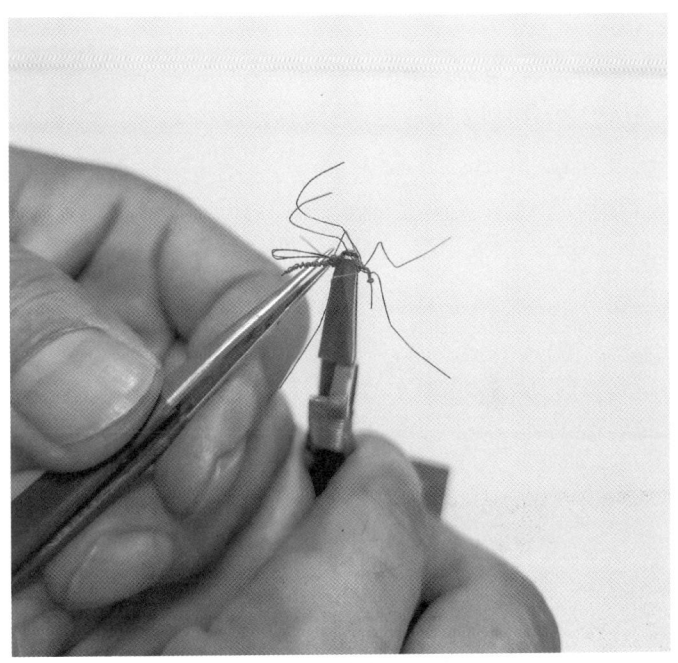

작은 작품 제작 장면(사진 제공 / 강대영)

이상길

[Contact 내 마음의 전파 망원경]
178×178×233cm / 스테인리스 강화유리 / 2006

정면

박은생

[돌맹이 – 울림] 310×200×190cm / 내후성 강판 / 스테인리스 스틸 / 2012

 언덕에 있는 여러 점의 작품 중에 강대영 작가의 '자화상'같이 외부적인 환경과 어울림이 좋은 것이 있는 반면 박은생 작가의 '돌맹이-울림'과 이상길 작가의 'Contact 내 마음의 전파 망

정면

측면

원경'처럼 내부에 더 집중력이 있는 것이 있다. '돌멩이-울림'과 'Contact 내 마음의 전파 망원경'에 있는 작품을 관통하는 구멍이 특히 그것을 돕는 것 같다. '돌멩이-울림'은 내후성 강판과 스테인리스 스틸 판을 크고 작은 삼각형으로 절단한 후(약간의 사각형도 있다) 반복적으로 연결한 둥글고 큰 형태에 표면이 전체적으로 자연스러운 녹이 있다. 바로 옆에 있는 'Contact 내 마음의 전파 망원경'은 전체적으로 스테인리스 스틸의 원뿔 모양

측면

이다. 곡면으로 연결된 바깥이 거울처럼 주변이 반사되며 안쪽은 스테인리스 스틸 봉으로 만든 둥근 띠가 중심의 꼭지를 향해 점점 작은 치수로 좁혀지고 있다. 최종적으로 안쪽은 역시 터널같이 뚫려서 이쪽에서 저쪽 너머가 보인다. 스테인리스 스틸 봉을 매우 조밀하게 용접하여 만든 원뿔의 내부는 안쪽을 향해 빨려 들어가듯 정렬되어 별이 지나가며 만드는 우주의 표정 같다. 원으로 만든 금속 봉의 마지막 부분을 끝과 끝을 만나게 하지 않

내부

모형(사진 제공 / 이상길)

제작 장면(사진 제공 / 이상길)

내부

고 비워 둠으로 마치 행성의 자취처럼 만든 작가의 연출을 읽을 수 있다. 뭔가를 더해서 완성하기보다 도리어 마지막 부분을 재치 있게 비워 둠으로 별이 움직이는 것 같은 효과를 준 것이다. 용접의 흔적으로 별을 표현하는 이런 기법은 야간에 하늘이나 도로를 향해 카메라의 노출을 열어놓으면 별의 운동이나 자동차의 헤드라이트가 길게 연결되어 빛의 흐름이 잡히는 것과 비슷하다. 이 작품에서 하늘의 무늬가 이렇게 표현된다. 더불어 뚫린

구멍으로 보이는 건너편의 밝은 부분은 전혀 다른 차원의 세계로 향하는 문 같다. 이것을 보고 있으면 내가 수만 갈래의 길로 걸어가는 것 같은 느낌이 든다.

푸른 밤
나희덕

너에게로 가지 않으려고 미친 듯 걸었던
그 무수한 길도
실은 네게로 향한 것이었다

까마득한 밤길을 혼자 걸어갈 때에도
내 응시에 날아간 별은
네 머리 위에서 반짝였을 것이고
내 한숨과 입김에 꽃들은
네게로 몸을 기울여 흔들렸을 것이다.

사랑에서 치욕으로,
다시 치욕에서 사랑으로,

하루에도 몇 번씩 네게로 드리웠던 두레박

그러나 매양 퍼올린 것은
수만 갈래의 길이었을 따름이다
은하수의 한 별이 또하나의 별을 찾아가는
그 수만의 길을 나는 걷고 있는 것이다

나의 생애는
모든 지름길을 돌아서
네게로 난 단 하나의 에움길이었다[26]

  박은생 작가의 작품에 있는 구멍에는 돌들이 있다. 작가가 원래 작품을 만들었을 때는 없었겠지만 누군가 그 안에 넣은 것이 분명하다. 그런데 이 돌들이 암술과 수술이 가득한 꽃의 한가운데를 상상하게 한다. 박은성 작가에게 작품 구상과 제작에 관계된 얘기를 듣고 싶어 여러모로 연락처를 구했지만 결국 그러지 못해 아쉽다.

---

26 〈푸른밤〉 전문, 나희덕, 그곳이 멀지 않다, 문학동네, 2004, 17~18쪽

세부

우무길

[숙원(宿願)] 360×115×180cm / 콘크리트 / 스틸 / 2008

 오래전부터 품어 온 염원이나 소망이란 뜻의 '숙원'이 제목인 우무길 작가의 작품은 손가락에 가락지를 끼우듯 집 둘레에 철근과 콘크리트가 강하게 감겨있는 모양을 하고 있다. 탄탄하고 꽉 찬 일곱 면으로 된 건물의 가운데에 콘크리트가 둘려져 있고 그 위에 팔뚝의 불쑥 나온 혈관 같은 철근들이 보인다. 또한 작품의 독특한 형태와 함께 경사진 언덕에 한쪽 끝이 약간 들려지도록 놓인 기울기로 인해 시각적 긴장감이 있다.

 우무길 작가는 험하고 거친 재료로 구성된 이 집을 통해 그의 가정사와 관계된 이야기를 한다. 꽉 쬐인 콘크리트 띠로 감긴 집으로 고립된 개인의 심리적 상태와 다른 사람과의 관계에 대한 희망을 표현하였다.

작품 속에 작가 자신의 삶을 어떻게 반영해야 하는지 늘 숙제처럼 생각하고 있었다.

가장 좋아하는 것과 가장 싫어하는 것 중에서 어떤 문제를 작품으로 표현할지 생각해 본다.

누구나 늘 떠나지 않는 염려가 있다.

사람은 집에서 태어나고 집에서 죽는다. 태어나면서 만들어지는 관계는 삶과 섞인다. 끈이 생기는 것이다. 그 속에 웃음과 울음이 같이 있다. 살면서 대부분 웃는 척해야 할 때가 많다. 집에서 더욱 그렇다. 사랑하기 때문에…

그리고, 벗어나지 못하는 굴레를 받아들이고 숨을 고르며 산다. 그래야 한다.

철판으로 집 모양을 만들고 철근으로 집을 감기게 용접한다. 합판으로 거푸집을 만들고 콘크리트를 부어 굳힌 후 깨트린다. 집이 견고한 콘크리트와 철근 속에 갇혀 있는 형상에서 집으로부터 자유로울 수 없는 모습의 메타포이다. 오래 묵은 소망은 철근에 묶이고 콘크리트에 갇힌 속에서 찾아야 한다.[27]

---

27 우무길의 작가 노트

모형 제작 단계1-4(사진 제공 / 우무길)

정면

작가가 자유로울 수 없는 삶에 대한 메타포로 집을 사용하였다고 하니 철근과 콘크리트로 집을 칭칭 감은 것이 사람의 삶과 비슷해 보인다. 산속이나 무인도에서 홀로 살지 않는 이상 우리는 다른 사람과 함께 살면서 어쩔 수 없는 부딪침과 갈등을 겪는다. 늘 행복과 아름다움만 있는 것이 아니니 삶의 이러한 불편하고 당혹스러운 것에 대해 표현하려는 우무길 작가의 의도가 어느 정도 이해된다. 벗어나지 못하는 삶의 굴레에서 겪는 일들이 오직 그에게만 있는 것은 아니기 때문이다.

집을 옥죄고 있는 철근과 콘크리트를 만드는 방법을 살펴보면 재미있다. 마치 짐승을 잡아먹으려는 거대한 뱀처럼 집을 감고 있는 철근 콘크리트 형태를 만드는 방법이 고고학의 발굴 행위와 닮은 데가 있다.[28] 먼저 지붕과 벽, 바닥으로 된 7면체의 집을 철판으로 만들고 그 주위를 철근으로 수차례 감은 후 용접으로 고정하고 바깥에 이 모든 것이 충분히 들어가는 거푸집을 만든다. 철판과 철근으로 만든 집과 나무 거푸집 사이의 공간에 콘크리트를 채운 후 건조되면 정과 망치를 이용해서 땅속의 유물을 발굴하듯 철판-철근의 집을 노출 시킨다. 이렇게 철판과 철근 사이의 콘크리트 띠 모양이 나오면 '숙원'과 같은 작품이 완

---

28 고충환의 평문 참고

성된다. '숙원'은 2008년에 제작된 것으로 2007년에 만든 소품을 전장 360cm의 크기로 확대한 것이다. 수원 인근의 작업실에 아직 거푸집에서 발굴하지 않은 소품들이 여럿 남아 있다고 하니 다 풀어 놓으면 장관일 것 같다. 우무길 작가는 동일한 기법으로 2007년 전후에 '현장', '확산 공간' 등의 작품을 제작했다. 이후 이런 경향 대신 부드럽고 평면적인 재료들을 사용한 작품을 제작하고 있다. 예를 들어 2009년부터 스티로폼으로 여러 채의 집들이 둥글거나 층층이 연결한 작품을 선보이고 있다. 변화의 원인을 물어보니 단번에 나이 탓이라고 답한다. 동갑인 작가가 왜 이렇게 말하는지 공감이 된다. 체력이 한창일 때 콘크리트나 철근보다 더한 것도 쉽게 다뤘지만 이제 그렇지 않다는 뜻이다. 체력은 약해졌지만 삶을 이해하는 유연함이 우무길 작가로 하여금 부드러운 재료와 형상을 찾게 한 것이다. 삶을 유연하게 바라보게 된 작가의 시각이 어떻게 다른 작품으로 표현되고 있는지 다음에 꼭 자세히 듣고 싶다.

세부

하이케 무터, 울리히 겐츠

[스페이스 워크] 60m×57m×25m / 탄소강과 스테인리스 스틸 / 2021

형산강 하류의 송도해수욕장과 영일대해수욕장에서 북서쪽 방향의 환호공원을 바라보면 산의 능선과 하늘이 맞닿은 지점에 대형 곡선의 작품 '스페이스 워크'가 있다.

원거리에서도 쉽게 볼 수 있을 정도로 크기가 대단한 이 작품은 미술관에서 그리 멀지 않은 곳에 독일 출신 작가 하이케 무터와 울리히 겐츠가 만들었다. 두 사람은 기획과 제작을 분담해서 활동하는 작가로 내려앉은 구름의 이미지를 형상화하여 환호공원에 설치했다. 하이케 무터와 울리히 겐츠의 대표작은 2011년에 독일 뒤스부르크에 만든 '타이거 앤 터틀 매직 마운틴(Tiger & turtle magic mountain)'으로 '스카이 워크'와 비슷한 모양이지만 크기는 다르다.[29]

---

29 스페이스 워크는 60m×57m×25(H)m이고 타이거 앤 터틀 매직 마운틴은 44×37×21m이다

정면

B. 환여동의 포항시립미술관과 환호공원

이 작품은 무한으로 이어지는 루프를 모티브로 삶의 속도에 대해 질문을 던지며 시간과 공간의 상대성과 느림의 미학을 보여준다고 평가받고 있다.

'스페이스 워크'는 관객이 그 안에 들어가 걷게 될 때 완성되는 참여형 작품이다. 직접 다닐 수 있는 트랙 길이는 333m이고 계단의 수가 717개, 무게가 무려 317톤이나 된다. 하이케 무터와 울리히 겐츠가 디자인한 것을 탄소강과 스테인리스 스틸을 주재료로 포스코가 기획과 제작 그리고 설치를 맡았다. 빙글빙글 휘어진 나선형이 꼭 놀이동산의 롤러코스터를 연상시킬 정도로 공상적이고 동화적인 느낌을 준다. 빠르게 달리는 기차가 없을 뿐 완곡하고 민첩한 상승과 하강을 번갈아 보이는 곡선 여럿이 겹쳐 있다. 작품의 한 부분인 계단으로 직접 올라가 보면 가까운 환호공원과 포항 시내는 물론 멀리 영일만 일대와 호미곶이 한눈에 들어와 왜 작품의 제목을 '스카이 워크'로 지었는지 100% 이해된다.

이 작품은 건축적 상상력과 함께 감상하면 더 많은 것을 볼 수 있다. 공중을 휘도는 곡선과 이를 받쳐주는 여러 개의 수직 기둥, 중간 중간에 곡선과 수직선을 잡아주는 보조 장치의 생김새 등이 색다른 감상 포인트이다. 또한 계단을 따라 올라가면 작품의 흔들림을 어렵지 않게 느끼게 된다. 지진의 경험과 좀 다르다고 할까. 백 층 정도 되는 빌딩의 꼭대기에 있을 때와 비슷한 느낌이

세부

B. 환여동의 포항시립미술관과 환호공원

들면서 고층 건축물을 지을 때 이런 흔들림을 고려한다는 것을 생각나게 한다. 초고층 빌딩은 맞바람으로 건물 전체가 양쪽으로 흔들리므로 다양한 방법을 통해 과도하고 빠르게 움직이지 않도록 한다. 초고층 빌딩과 비교할 것은 아니지만 대형 작품에도 흔들림의 법칙이 적용된다고 볼 수 있다. 참고로 큰 작품의 제작 과정에서 안전 확인을 위해 구조 안전진단 전문가의 의견을 듣는 것은 필수적이다. 구조적으로 풍압과 무게에 대한 문제로부터 안전한지 사전에 검토한다. 풍속하중, 지진하중 등에 대한 철저한 준비가 없이 이런 랜드마크 급의 작품을 만들 수 없다.[30]

'스카이 워크'처럼 멀리서도 이목을 끄는 작품이나 건축물을 랜드마크라고 한다. 이는 본래 탐험가나 여행자가 여러 곳을 돌아다니다가 원래 있던 장소로 돌아올 수 있도록 표식을 해 둔 경계표를 이르는 말이었다. 이제는 건물, 타워, 문화재, 상징물, 조형물 등이 그 지역을 상징적으로 대표할 때 랜드마크라고 한다.[31] 한 예로 두 팔을 활짝 벌린 영국의 '북방의 천사'는 높이

---

30 https://pohang.go.kr/pohang/10532/subview.do 포항시 홈페이지 환호공원 조형물(스페이스 워크)에 의하면, 기본풍속은 포항의 기준 36m/s 보다 크게 강화된 40m/s를 기준으로 하였으며 고지대, 해안가 등 가중치를 적용하여 설계풍속을 67m/s로 하여 구조적 안정성을 대폭 강화하였고, 이에 따라 최대 순간 풍속 80m/s에도 견딜 수 있도록 제작되었으며, 지진하중은 포항의 기준 2등급 보다 크게 강화된 내진1등급 기준을 적용하여 리히터 규모로 약 6.4~6.5의 강진에 견딜 수 있도록 설계되었다.

31 위키백과 참고

22m, 날개 너비 54m, 무게 208톤의 코르텐강으로 만든 작품으로 영화 '빌리 엘리어트'의 배경이 된 게이츠헤드의 로우펠 언덕에 있다. 과거에 호황을 누리던 탄광 도시가 퇴락하여 황폐해지자 시의회가 조각가 앤서니 곰리에게 의뢰하여 1998년에 제작한 작품이다. 도시재생의 성격을 가진 '북방의 천사'는 제목처럼 철로 만든 거대한 천사가 도시의 새로운 미래를 향해 날개를 활짝 열어주었다. 지역을 대표하는 랜드마크가 결과적으로 지역 경제를 살리는 큰 역할을 하며 장기 경기침체에 빠진 도시에 활력을 불어넣은 것이다. 좋은 예술작품이 도시의 상징이 되어 문화적으로는 물론 경제적으로 큰 도움을 준 대표적인 예가 됐다. '북방의 천사'처럼 '스카이 워크'가 포항의 랜드마크 역할을 잘하려면 앞으로 이 작품에 대한 원만한 유지와 보수가 필수적이다. 최근 2024년 파리 하계 올림픽을 앞두고 파리의 상징과도 같은 에펠탑의 대대적 보수에 대한 논란이 있었다. 에펠탑이 빠르게 부식되고 있으니 전반적인 보수가 필요하다는 것인데 이를 뒤집어 생각해 보면 300m가 넘는 이 탑을 1889년 완공 이후 100년이 더 지나도록 파리시가 어느 정도 보존했다는 뜻이다. '스카이 워크'도 오래도록 많은 사람에게 사랑받느냐 마느냐는 포항 시민과 포항시에 달렸다.

측면

임영희

[프롤로그 - 포에틱 2(Prologue - Poem II)]
110×140×280cm / 철 / 스테인리스 스틸 / 2012

　주거지에 인접한 포항시립미술관은 시민 친화적이다. 미술관 주위를 다녀보면 동네의 집과 소규모 상점이 천연덕스럽게 붙어 있다. 주변의 가게와 맛집에서 느낄 수 있는 것은 포항시립미술관이 있는 동네가 사람 사는 냄새를 물씬 풍기는 정겨운 곳이라는 것이다. 임영희 작가의 작품 '프롤로그-포에틱 2'는 미술관과 동네가 자연스레 겹쳐진 장소에 있다.

　영일대해수욕장 쪽에서 포항시립미술관을 오려면 설머리물회지구를 지나 왕복 6차선 오르막인 삼호로에서 오른편의 왕복 2차선인 환호공원길로 들어오게 된다. 환호공원길은 미술관의 주차장 입구로부터 영일만을 만나는 해안로까지 약 1km 정도로 미술관 주차장 입구에서 환호공원 주차장 입구까지 벚나무 가로수 길과 주변에 있는 소박한 음식점들이 어울려 있다.

　차량이 다닐 수 있는 환호공원길과 중앙공원 방향으로 엇비슷

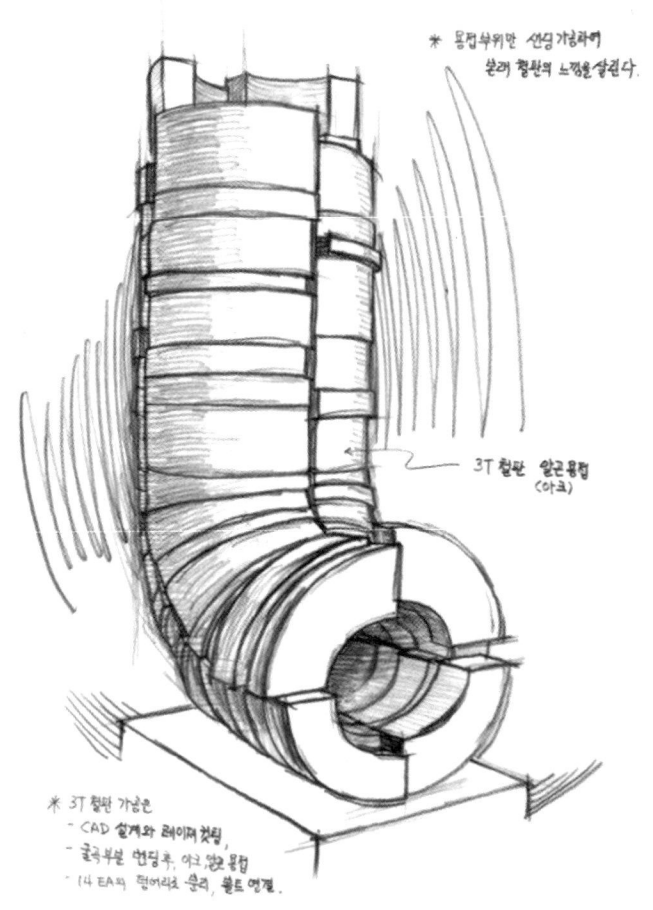

아이디어스케치(사진 제공 / 임영희)

세부

하게 내리막길이 만들어낸 뾰족하게 길고 좁은 삼각지에 임영희 작가의 작품 '프롤로그-포에틱 2'가 있다. 나무들보다 나이 든 것처럼 노련해 보이는 이 작품은 삐죽한 모래톱 같은 곳의 벚나무들 사이에 있어서 자세히 봐야 찾을 수 있을 정도로 주위 환경과 일체를 이룬다.

임영희 작가의 작품 '프롤로그-포에틱 2'는 전체적으로 철을 사용하여 만들었다. 철로 제작한 작품은 일정한 시기가 지나면 표면에 변화가 생긴다. 산화로 인해 녹이 슬면 이것을 막거나 제거하기 위해 각종 방법으로 색을 칠하거나 반대로 녹을 감추지 않고 그대로 허용하여 남긴다. 임영희 작가는 후자를 선택해 녹이 슬면 도리어 충분히 슬도록 놔두고 대신 녹이 슬지 않는 스테인리스 소재의 구체를 부분적으로 함께 사용하여 두 재료가 대조를 이루게 했다. 이렇게 하면 녹슨 것은 더욱 녹슨 것처럼 보이고 그 사이에 있는 스테인리스 스틸의 구체는 더욱 반짝이는 것처럼 보인다.

작품이 품고 있는 스테인리스 스틸 구체는 나무 그늘의 어두운 갈색의 향연 속에서 반짝이며 작품의 제목 '프롤로그-포에틱'처럼 사뭇 시적 정취를 자아낸다. 홀로 생뚱맞아 주변의 분위기를 상하게 하지 않고 작품이 장소를 끌어안아 환경과 여러모로 조화를 이룬다.

B. 환여동의 포항시립미술관과 환호공원

정면

황성준

[침묵의 시간 세우기] 1200×100×11cm / 스틸 / 2018

환호공원의 서쪽 끝 전통놀이공원 입구에 가면 12m 높이의 큰 사다리 모양을 한 황성준 작가의 작품 '침묵의 시간 세우기'가 있다. 높은 곳이나 낮은 곳을 오르내릴 때 디딜 수 있도록 돕는 것이 사다리지만 엄청나게 큰 이 사다리는 어디에 기대있지 않고 단정하게 하늘을 향한다. 더 낮은 곳으로 사다리가 내려져 있다면 그것은 내려가겠다는 의지의 반영이듯 하늘로 세워져 있으니 높은 곳으로 오르겠다는 목적과 의지가 담겨있다. 사다리는 두 개의 긴 수직선과 이 둘을 이어주는 작은 수평선들로 구성되었다. 이 사다리의 수직선 두 개는 올라갈수록 밑변의 폭보다 윗변의 폭이 넓다. 흔히 보는 사다리꼴의 전형이 아닌 역사다리꼴로 이 두 막대를 이어주는 16개 가로 막대기는 위에서부터 11개까지 수평을 이루고 12번째부터 약간씩 간격이 흐트러지다가 마지막이 되면 심해진다. 가로 막대들은 세로 막대가 끝나는 밑까지 내려와 있지 않고 깡충 맞게 하단의 3분의 1지점에서 끝난다. 실용성으로 보자면 참 불친절하고 이상해서 써먹기 어려운

2018년
(사진 제공 / 황성준)

사다리이다. 게다가 12m나 되는 사다리의 첫 번째 계단까지는 너무 높아서 오르는 것이 불가능하다. 하지만 이런 흐트러짐과 의도적 불편함이 수평선과 겹쳐지면서 묘한 느낌을 준다. 2018년에 영일대 모래사장에 세워졌던 자료 사진을 보면 멀리 수평선과 파도와 모래사장이 이 사다리의 수직선과 만나고 있어 꽤 볼만하다. 어쨌든 불편하고 기능이 상실된 유용성 없는 이 사다리는 무궁한 공간인 하늘을 향해 있다.

황성준 작가는 그간 프로타주(frottage) 기법을 이용한 작품을 많이 만들었다. 프로타주란 문지르다의 불어 동사 'frotter'의 명사형으로 표면이 고르지 않은 물체 위에 종이를 덮고 연필이나 크레파스 등으로 문질러서 그 흔적을 만드는 방법이다. 탁본과 같이 나무나 비석에 있는 글이나 모양을 종이에 떠내는 것과 같다. 물론 낚시로 잡은 물고기의 형체를 남기는 어탁 역시 같은 방법이다. 황성준 작가는 바닥이나 벽 위에 천과 종이를 놓고 문지르는 프로타주기법으로 사물의 흔적을 화면에 드러나게 한다. 이와 비슷하게 황성준 작가는 12m의 쓸모없는 사다리를 통해 실체 이면의 존재에 관해 질문을 한다.[32] '스카이 워커'가 계단을 통해 날 수 없는 하늘에 대한 비행을 상상하게 한다면 이 사다리

---

32 황성준 작가 노트 참고

측면

는 무한의 공간인 하늘 위로 올라가는 상상을 돕는다. '스카이워커'가 감탄과 환희의 층계라면 황성준 작가의 사다리는 묵상과 침묵이 그 바탕을 이룬다.

> PAUSE
> 고요를 담으려 했다.
> 고요의 순간,
> 드러남과 감추어진, 그 정지된 사이,
> 그 틈 속에 담겨있는 침묵의 의미를 탐색해 본다.
> (중략)
> 정지의 순간 속에는 측정할 수 없는 또 다른 시간의 흐름이 있다.
> 그것은 창조의 시간이자 소멸의 시간이다.
> 모든 것이 다시금 새롭게 태어날 수 있는 조건이 주어지는 것이다.
> (중략)
> 이를 통해 우리는 가상과 현실 사이에서 지금껏 상상치 못했던 새로운 존재의 가능성을 예감해 본다. [33]

---

33 황성준 작가 노트

세부

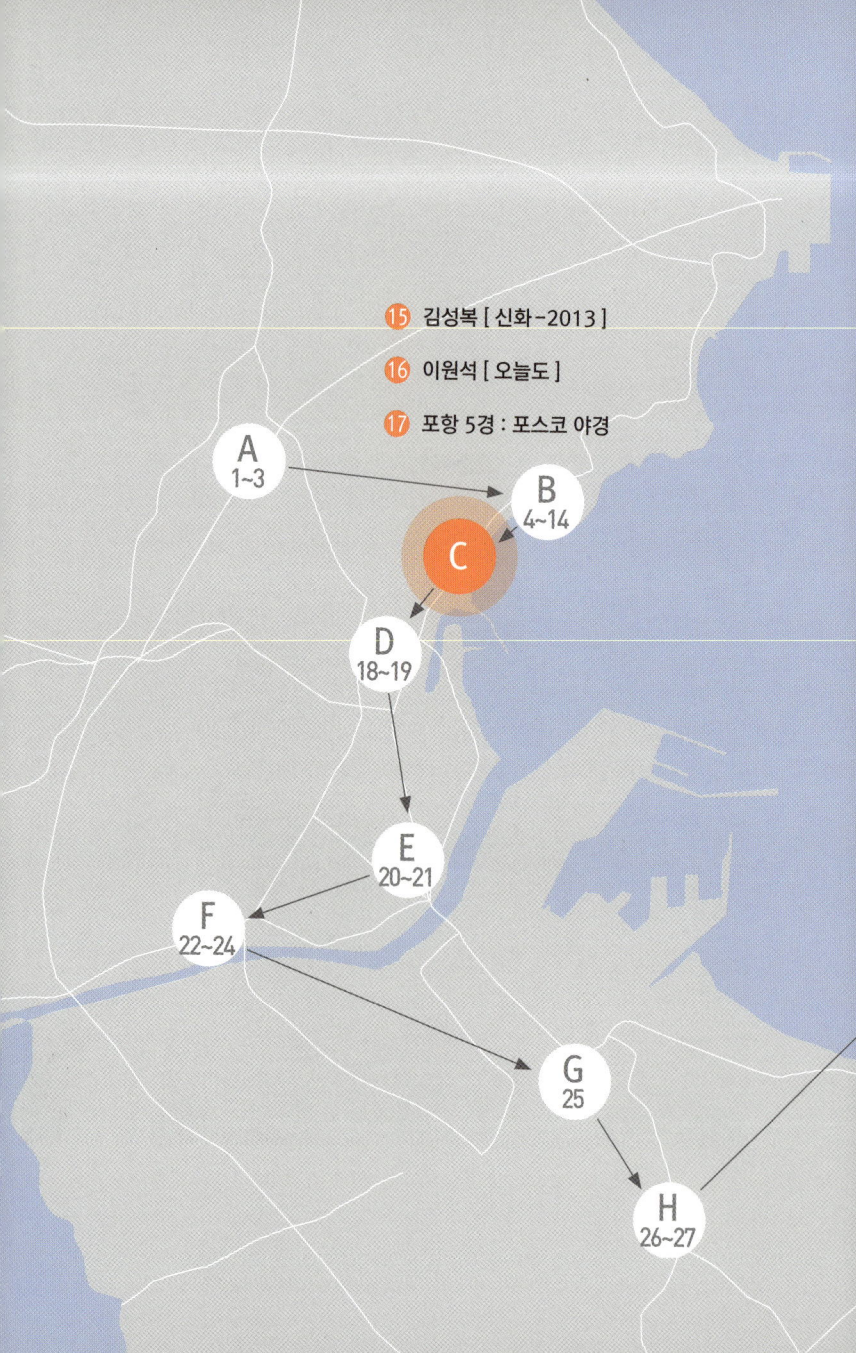

영일대해수욕장

김성복

[신화-2013] 115×110×70cm / 115×110×70cm / 브론즈 / 2013

익살맞은 동물 조각상 두 점이 영일대로 들어가는 영일교 앞에 있다. 영일교 입구의 인도와 차도 사이에 자리한 김성복 작가

세부

모형 (사진 제공 / 김성복)

의 '신화-2013'은 소담한 크기의 브론즈 작품이다. 김성복 작가는 돌을 떡 주무르듯 하는 석조 작가로 '바람이 불어도 가야한다'가 대표작이다. 이 작품은 여의도 국회 근처의 건물 앞에 있는데 두 사람이 앞으로 달려가는 형상으로 인체의 세밀한 묘사보다 불끈 쥔 주먹, 휘날리는 모발, 몸뚱이보다 큰 발 등 형태를 과장, 생략, 왜곡하는 데포르마시옹(déformation)이 사용 되었다. 아무리 힘들고 피곤한 날이라도 이 작품을 보면 저절로 용기가 나서 앞으로 나가고 싶게 한다. 김성복 작가는 단단하고 투박한 화강석의 특징을 적절하게 이용하는 능력이 있지만, 영일교 앞의 작품 '신화-2013'은 제철의 도시 포항과 어울리도록 브론즈를 사용했다. 영일교와 영일대에 어울리는 작품을 만들기 위해 평소 쓰는 돌은 물론 테라코타와 나무 등 가능한 모든 재료를 다 고려한 후 제철소가 멀리 보이는 위치에 걸맞게 금속을 선택했다고 한다.

영일교 앞의 이 동물 모양의 작품은 벽사(辟邪)나 서수(瑞獸)와 같다. 벽사는 동짓날에 팥죽을 먹는 것이나 새해가 되면 호랑이, 사자의 그림을 벽에 붙이는 것 같이 재앙과 액을 피하려고 만든 민간신앙의 일종이고 이와 비슷한 서수는 상서로운 동물을 만드는 것으로 궁궐의 중요한 곳곳에 있는 다양한 석수(石獸)를 말한다. 최근 일제강점기에 분실된 경복궁 동십자각의 서수상(瑞獸像)이 창덕궁 안에 있는 현장사무실에서 발견되었다. 궁궐의 긴급한 보수를 위해 일하는 사람들이 상주하도록 마련된 곳에서 우연히 분실된 것을 찾은 것이다. 이 또한 호랑이 얼굴에 비늘이 온몸을 덮은 형상을 한 상상 속의 동물이다. 김성복 작가의 '신화-2013'은 벽사나 서수에서 볼 수 있는 호랑이의 분위기를 품고 있다. 작가의 상상력에서 뛰쳐나온 아주 잘 다듬어진 이 브

측면

론즈 작품은 익살스러운 몸짓과 표정을 짓고 있다. 앞서 언급한 '바람이 불어도 가야 한다'와 같이 유머러스한 것은 비슷하지만 우직하고 단단하기보다 매끄러우며 세련된 경쾌함이 있다. 이 상상의 동물은 얼굴에 민화의 호랑이가, 꼬리에 도깨비방망이가 접붙여 있고 표정과 모양의 앙증맞음 때문에 보고 있노라면 웃음이 절로 나온다. 영일대로 들어가는 입구의 좌우에 미끈한 오석 좌대 위에 있는 이 동물을 정수리에 앉은 개구리 한 마리부터 아래로 찬찬히 내려가며 눈여겨보니 퇴화한 것 같이 볼록한 작은 귀, 이마를 다 덮은 여섯 가닥 눈썹, 빼꼼한 눈과 오똑한 코, 수염 두 가닥 밑에 으르렁거리듯 가로로 벌어진 입과 송곳니와 앞니 그리고 복숭아 끝 같은 턱, 가지런히 모은 손 모양의 날개깃. 웃겨도 너무 웃긴 김이 모락모락 나는 꽃 모양 풀빵을 닮은 똥구멍, 몸통과 머리와 꼬리를 받치고 있는 네 다리와 앙증맞은 발톱들, 잔뜩 독이 올라 치켜선 뱀 같은 꼬리, 파꽃 봉오리 같지만, 사방으로 삐죽삐죽한 꼬리의 끝이 보인다. 이런 재미난 작품이 영일교 앞에 떡하니 버티고 서서 포항을 마음껏 웃기고 있다.

정면

이원석

[오늘도] 150×150×270cm / 브론즈 / 2003

오늘도

커튼이 가려놓은 창밖의 하루를

거뜬히 감당해내기를 기도해요

어떤 이는 오늘도 창백한 얼굴로

터뜨리지 못한 분노를 삼키네요

삼켜야만 할 일 투성이인 오늘 하룰테죠

다쳐야만 끝이 나는 하루일 수도 있겠죠

울지는 말아요

아니 울어도 돼요

오늘 하루 힘내요[34]

---

34 〈오늘도〉 부분, 이승윤 작곡 작사, 2013년 발매 앨범 '오늘도' 수록곡

세부

후면

가수 이승윤이 노래한 '오늘도'는 괴로운 일을 겪는 이에게 스스로 용기를 가지라며 삶의 의욕을 북돋아 준다. 특히 '오늘 하루 힘내요'라는 구절이 압권이다. 이 노래와 제목이 같은 이원석 작가의 작품이 영일대해수욕장 남쪽 끝에 있다. 포항여객선터미널에 조금 못 미친 여기는 음식점과 카페, 숙박업소가 많고 그 건너편에 해변과 인도와 도로가 나란히 있는 곳이라 종종 시민들이 해변을 걷다 멈추거나 차를 세우고 이 작품을 본다. 작품 '오늘도'는 한눈에 봐도 출퇴근 시간의 복잡한 차 안에서 일어날 법한 장면을 묘사한 것으로 여러 등장인물이 얽혀있다. 이원석 작가는 현대인의 일상을 기막힌 위트와 유머가 담긴 인체 묘사를 통해 표현하는 감각을 갖고 있다. 그는 때때로 18금의 내용도 천연덕스럽게 얘기하며 고단하고 치열한 현대인의 삶을 자연스럽고 솔직하게 서술한다. 브론즈로 제작된 '오늘도'는 마치 드라마, 영화의 포스터에서 등장인물들을 소개하거나 연극의 클라이맥스를 위해 출연진이 무대에 모인 것 같이 작품의 형태를 구성했다. 모두 10명의 등장인물을 전체적으로 조망하며 가까이 한 인물씩 살펴보면 작품의 내용에 빨리 접근하게 된다. 아기를 등에 업은 엄마를 시작으로 오른쪽에서 엄마의 왼쪽 치마폭을 쥔 어린이, 가방을 가로질러 매고 옆 사람의 오른팔을 자기의 오른팔로 엇갈리며 손잡이를 드라마틱하게 가까스로 잡은 청년!

세부

세부

꼭 낭떠러지에서 추락하지 않으려고 대롱대롱 매달린 것처럼 보이고 등에 무거운 가방을 메고 있어 측은하다. 또 다른 남자는 사람들에게 밀려 복부가 앞으로 나왔고 한쪽 팔이 앞의 남자에 꼬여 있건만 왼쪽의 여성은 그의 허리를 필사적으로 밀며 최소한의 공간을 확보하기 위해 안간힘을 쓴다. 이 단발머리 여자의 벌어진 입 사이에 질근 깨문 치아에는 어떻게든 버텨보자는 의지가 가득하니 진퇴양난이다. 등이 떠밀리는 다른 등장인물 여성은 치마에 정장 차림으로 승객들에게 밀려 앞에 있는 남성과 거의 입맞춤을 하듯 밀착되어 있다. 얼굴을 맞대고 있는 남성은 한쪽 눈이 여자의 얼굴에 밀려 반쯤 감겨있지만 다른 한 눈은 그나마

모형(사진 제공 / 이원석)

정상인 것 같다. 어쩔 수 없이 승객이 엉켜있는 모습 같지만, 자세히 보면 남자의 한 손이 여자를 보호하듯 이깨에 걸쳐 있고 여자의 오른손이 남자의 왼쪽 겨드랑이 녘의 겉옷을 잡고 있다. 어쨌든 이제 또 다른 등장인물인 바바리 차림의 이마가 훤한 아저씨는 오른손이 사정없이 위로 꺾인 상태에서 가까스로 버티고 있다. 이런 와중에 사람들의 숲에 쌓여있으나 자신의 중심을 잃지 않으려고 애쓰는 아주머니가 의연하다. 누가 뭐래도 평정심을 잃지 않고 내 갈 길 가겠다는 뚝심이 대단하다. 그러고 보니 이 아주머니와 아이 둘을 보호하고 있는 어머니가 동시에 보이는 이 지점이 작품의 하이라이트로 빛난다. 곤란하고 괴로운 환경을 버텨내고 있는 모든 등장인물 중에 두 사람의 색다른 몸가짐과 태도가 대조적이다. 수많은 파도의 아우성이 수평선에서 하나로 수렴되듯 등장인물 전체가 이 지점에서 하나로 모인다. 이원석 작가는 작가 노트에서 등장인물을 이렇게 설명한다.

출근 시간 지하철 손잡이 하나에 뒤엉킨 풍경
등에 업은 갓난아이가 혹여 다칠세라 연신 뒤돌아보며 신경 쓰는 애기 엄마.
그 엄마의 따뜻한 등에 업혀서 세상모르고 잠든 갓난아이.
또, 그 엄마의 다리에 바짝 달라붙어 밀려나지 않으려 애쓰는 아이.

입시의 무게만큼 무거운 가방을 등에 메고 힘겹게 손잡이에 매달린 재수생.

아침도 못 먹고 급하게 나선 출근길에 뒤쪽 여학생이 밀치는데 짜증 나는 노총각.

잠깐 졸다가 정거장을 두 구간이나 지나쳐 정신없이 빠져나오려는 여고생.

한동안 바빠서 만나지 못하다가 오래간만에 월차 내서 남자친구랑 데이트 나왔는데

옷도 구겨지고 화장도 지워지고 엉망이 된 처자.

여자 친구가 월차 낸다길래 하는 수 없이 직장 상사한테 눈치 봐가며 겨우 하루 휴가 내서 나왔는데, 오히려 만원 지하철에 적당한 스킨십이 만족스러운 청년.

사무실에 출근하기 전에 먼저 하청업체 들러서 밀린 잔금부터 독촉하려고 했는데 아침부터 만원 지하철에 기분 잡친 3평짜리 사무실 사장님.

세상의 어떠한 소란에도 꿋꿋하게 흔들림 없이 명상에 빠진 아주머니...

그들 열 사람은 각기 다양한 사연들을 안고 지하철의 작은 공간에서 만났다.

오늘도, 그렇게 각각의 일상들을 만들어간다.[35]

작품을 보면 볼수록 10명의 등장인물이 지닌 표정과 몸짓의 면면이 배경으로 보이는 변화무쌍한 바다의 모습만큼 다채롭다.

35　이원석 작가의 작가 노트

포항 5경 : 포스코 야경

관동 8경이나 지리산 10경처럼 어느 고장의 경치가 수려하고 좋으면 거기에 특별히 숫자를 붙여 부른다. 주로 자연환경이나 건축물을 포함한 것으로 포항시에는 12경이 있다. 시승 격 60주

포스코 야경

년이 되던 2009년에 포항시가 처음으로 '포항 12경'을 선정했고[36] 10년 뒤인 2019년에 70주년 기념으로 다시 정한 것이다.[37] 이 중에 60주년과 70주년에 변함없이 선정된 곳 중 하나가 포스코의 야경으로 70주년에 포스코 야경에 영일대를 함께 묶었다. 아마도 포스코의 야경을 가장 잘 볼 수 있는 곳이 영일만이고 이곳에 비교적 최근에 만들어진 영일대와 영일교의 야경 역시 수려하기 때문일 것이다. 포스코의 야경이 장대한 반면 영일대와 영일교의 야경은 규모가 작지만, 사람들이 직접 가깝게 접할 수

있다는 것이 다른 점이다. 영일대해수욕장에서 제철소를 바라보면 제철소 구조물들의 빼곡한 풍경이 보인다. 주간에는 용광로를 비롯해 굴뚝과 가스홀더 등의 각종 설비가 영일만 건너로 보이고 해가 떨어지면 제철소 구조물에 설치된 조명 장치의 효과로 제철소가 하나의 거대한 작품이 된다. 도시경관 조명 효과로 인해 야간의 도시형상이 새로워진 덕택이다.

최근 세계적인 도시들의 추세에 맞춰 포항 역시 경관조명으로 야간 공간 연출 효과를 냈다. 이렇게 도시의 건축물을 화폭 삼아, 조명 장치로 색을 입히는 것은 새로운 매체와 기법을 사용하는 현대 예술의 경향 중 하나이다. 프랑스 리옹과 호주 시드니 같은 곳은 '빛의 축제(Fête des Lumières)'[38]나 '비비드 시드니(Vivid Sydney)'[39] 같이 빛을 적극적으로 이용하는 대규모 축제를 열고 있다.

---

[38] 리옹의 빛의 축제(Fête des Lumières)는 17세기에 페스트를 이겨내고자 시민들이 광장에 촛불을 들고 모여 기도를 한 것에서 시작되었으며 리오 카니발과 뮌헨의 옥토버페스트 다음으로 세계에서 가장 큰 축제이다. 보통 12월에 4일 정도로 진행되고 400만 명 이상의 관광객이 온다.

[39] 세계에서 가장 큰 조명, 음악 및 아이디어 축제. 시드니 올림픽(2000년) 이래로 겨울철 시드니 관광에 관한 관심이 식는 것을 방지하기 위해 시드니의 뉴사우스웨일스 주 관광청에서 네 가지 대형 이벤트를 하나로 모아 겨울을 대표하는 축제로 만들었다. 2009년 에너지 효율성을 위한 스마트 라이트 페스티벌로 시작하였고 조명 디자이너 Mary-Anne Kyriakou가 큐레이팅 하고 조명 디자이너 Bruce Ramus와 협력하여 시드니 오페라 하우스 양쪽에 라이트 페인팅을 투영한 Brian Eno의 헤드 라인 장식이 유명하다.

제철소의 야경 중에 제일 볼만한 것은 부정기적으로 솟아나는 불기둥과 우직하게 서 있는 대나무를 꼽을 수 있다. 낮에는 햇빛이 밝아서 보이지 않던 용광로의 화염이 밤이 되면 어둠을 배경 삼아 불꽃을 강렬하게 드러낸다. 그리고 무엇보다 볼만한 것은 대기 오염의 상징인 굴뚝이 조명을 받아 변신한 대나무이다. 대나무는 2차 대전의 원폭이 있었던 히로시마에서 유일하게 생존했을 만큼 질긴 생명력을 지녔고 이산화탄소 흡수 능력이 일반 나무의 4배에 달해 기후 위기의 시대에 탄소 중립에 대한 의지를 상징하기 때문에 나름 의미가 크다. 나태주 시인이 그의 시 '대숲 아래서'에서 '밤새도록 댓잎에 별빛 어리듯' 하늘의 별이 쏟아 부은 광선이 대나무를 키웠다는 것처럼 영일만에서 밤마다 공단의 대형 굴뚝에 LED조명이 내리쬐어 한 폭의 아름다운 대나무 야경으로 자라고 있다.

대숲 아래서

나태주

1
바람은 구름을 몰고
구름은 생각을 몰고

포스코 야경

다시 생각은 대숲을 몰고
대숲 아래 내 마음은 낙엽을 돈다.

2
밤새도록 댓잎에 별빛 어리듯
그슬린 등피에는 네 얼굴이 어리고
밤 깊어 대숲에는 후둑이다 가는 밤 소나기 소리.

그리고도 간간이 사운대다 가는 밤바람 소리.

3
어제는 보고 싶다 편지 쓰고
어젯밤 꿈엔 너를 만나 쓰러져 울었다.
자고 나니 눈두덩엔 메마른 눈물자죽,
문을 여니 산골엔 실비단 안개.

4
모두가 내 것만은 아닌 가을,
해 지는 서녘구름만이 내 차지다.
동구 밖에 떠드는 애들의
소리만이 내 차지다.
또한 동구 밖에서부터 피어오르는
밤안개만이 내 차지다.

하기는 모두가 내 것만은 아닌 것도 아닌
이 가을,
저녁밥 일찍이 먹고
우물가에 산보 나온
달님만이 내 차지다.
물에 빠져 머리칼 헹구는
달님만이 내 차지다.[40]

영일대해수욕장에서 오른편으로 포항제철의 사군자 대나무와 왼편으로 영일대와 영일교 그리고 그 너머 환여동 환호공원

---

40 〈대숲 아래서〉 전문, 나태주, 대숲 아래서, 도서출판 지혜, 2013, 16~17쪽

영일대에서 본 스카이 워크 야경

의 스카이 워크가 보인다. 2029년 포항 시 승격 80주년에 포항 5경에 대한 재논의가 있다면 정월 대보름 쥐불놀이에서 돌리는 불깡통의 궤적 같은 스카이 워크의 멋진 야경을 함께 넣는 것도 나쁘지 않겠다.

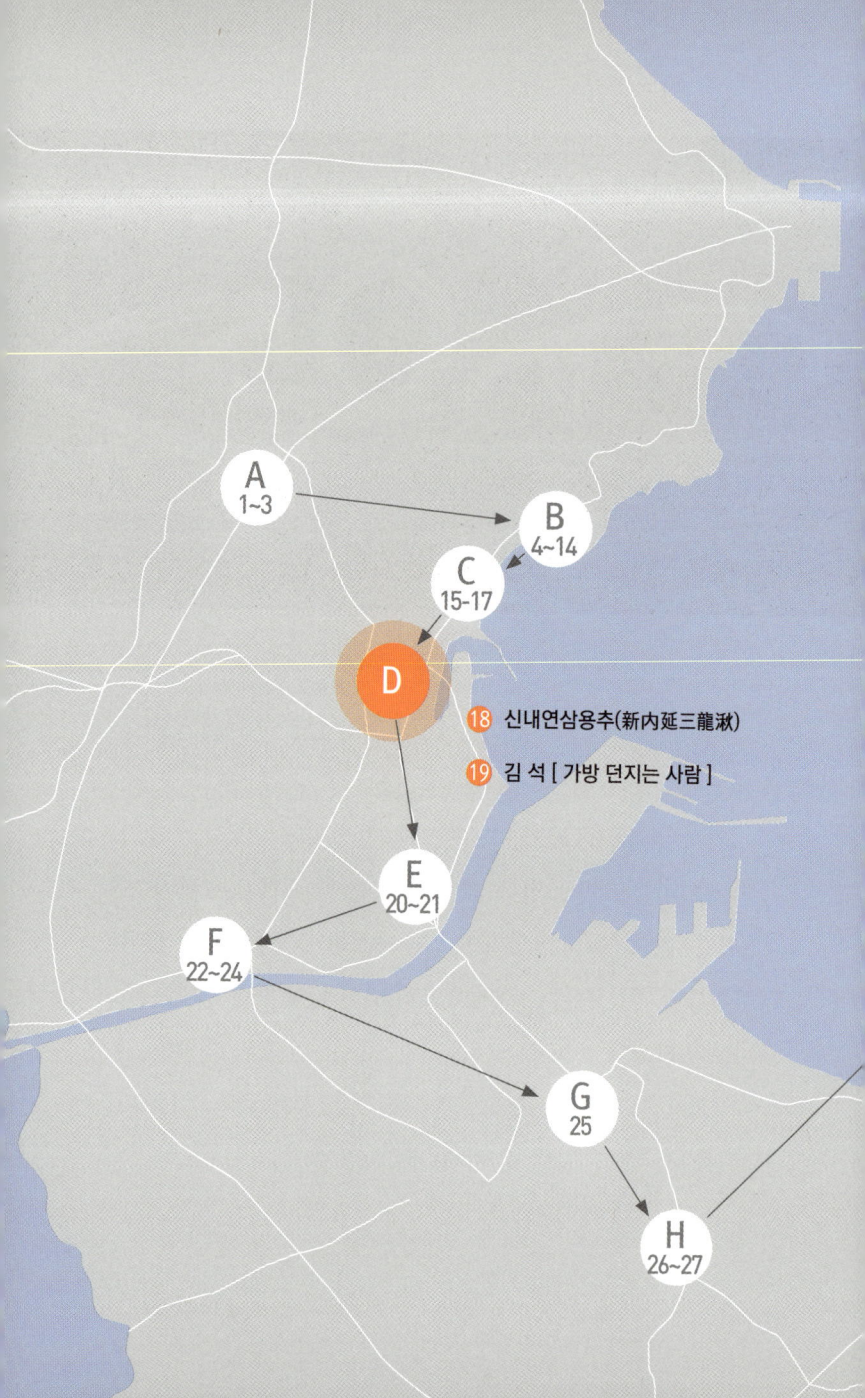

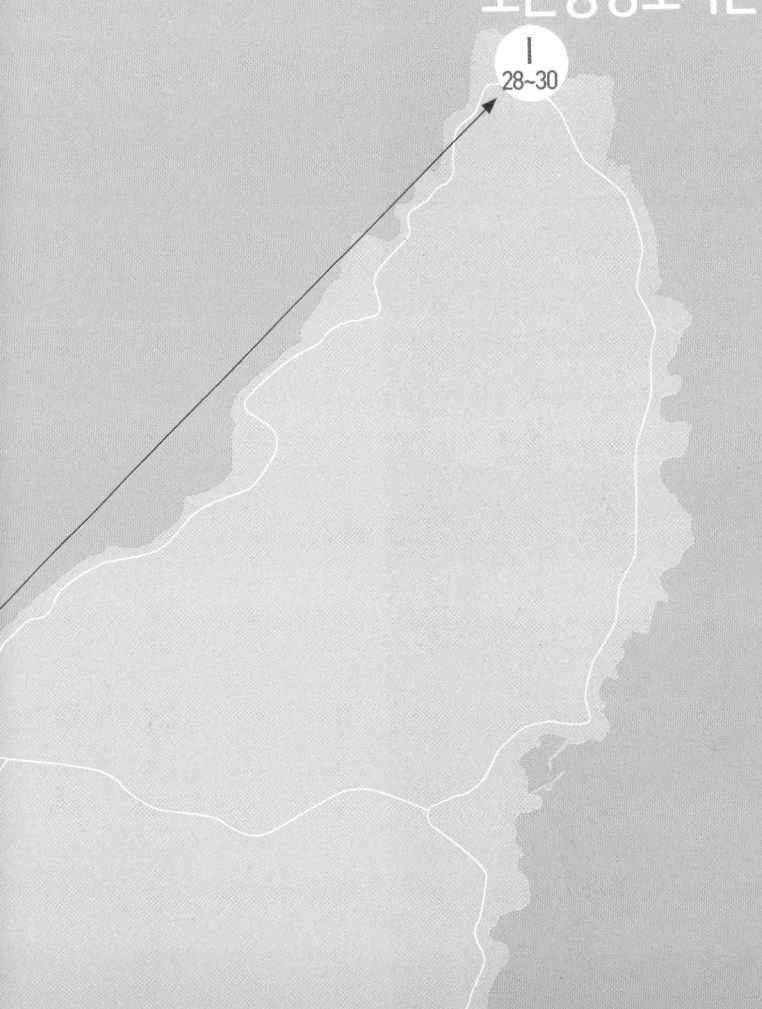

동빈내항과 중앙동의 정화냉장과 포은중앙도서관

28~30

정선, 내연삼용추도, 지본담채, 159.8×56.2cm, 1734, 삼성미술관 리움

신내연삼용추(新內延三龍湫)

2021 / 정화냉장 / 경북 포항시 북구 해동로 313

동빈내항의 북구 해동로 313번지에 가면 공공미술 작품 '신내연삼용추(新內延三龍湫)'가 있다. '신내연삼용추'란 18세기에 겸재 정선이 포항과 영덕군 사이에 있는 내연산 계곡에서 아름다운 용추 3개를 그린 '내연삼용추도'를 새롭게 현대적으로 해석한 것이다. 용추는 용소(龍沼)와 같은 말로 폭포수가 떨어지는 바로 밑의 깊은 웅덩이로 폭포라는 말도 쓴다. 약 10km 정도의 내연산 계곡에는 단단한 화강암 절벽과 물이 많아 연산폭포, 관음, 잠룡 등 아름다운 폭포와 용소가 여럿이라 예로부터 신증동국여지승람과 대동여지도에 내연산과 삼용추로 기록되어 있다. 진경산수로 유명한 겸재 정선이 중국의 화풍을 따르던 전통에서 벗어나 우리나라의 실재 경관을 사생하여 내연산의 폭포를 그린 때는 그의 나이 58세~60세이던 1733~1735년으로 현재 포항지역인 청하의 현감 시절이었다. 겸재 정선은 금강산과 함께 풍광이 뛰어나 경북의 금강산 혹은 소금강이라는 불리던 이

곳을 화폭에 담았다. 겸재 정선 외에도 내연산 폭포의 아름다움을 예술작품으로 남긴 사람들이 많은데 조경(趙絅, 1586~1669)의 칠언율시가 그 중 하나이다.

깎아 세운 듯 가파른 절벽 만 길 솟아 있고	峭壁削成恒萬丈
벼락 치는 듯 날리는 폭포 천 길 걸려 있네	飛流霆擊挂千尋
골짜기 입구의 물색은 인간 세상이 아니요	洞門物色非人世
호로 속 누대는 오랜 세월 갇혀 있었네	壺裏樓臺鎖古今
눈 들어보니 구름이 높게 나는 학 그림자 따르고	抶昔雲隨高鶴影
연못이 열리자 바람이 늙은 용의 울음소리 보내네	劈潭風送老龍吟
이번 유람이 천태산을 꿈꾸는 것보다 나으니	玆遊定勝天台夢
흥공이 땅에 던진 쇠가 도리어 우습구나	顧笑興公擲地金[41]

'신내연삼용추'는 문화체육관광부와 경상북도가 주최하고 포항시, 포항문화재단이 주관한 2020 공공미술 프로젝트 '3AS 포항 공공미술 프로젝트' 공모에서 선정되어 예술전문기획사 '문화밥'의 주도로 만들었다. 이 작품은 동빈내항을 따라 설치한

---

41 내연산 용추가 중국의 흥공이 쓴 '유천태산부'에 나오는 천태산보다 훨씬 낫다는 의미. (참고 월간산 2021년 7월호 겸재가 그린 '내연삼용추도' 바로 그곳, 박정원) http://san.chosun.com/news/articleView.html?idxno=15037

야경(사진 제공 / 문화밥)

측면

2021년 최종 설치 장면(사진 제공 / 문화밥)

'생명의 물길에서 문화로' 프로젝트의 세 작품[42] 중 하나이며 겸재 정선의 예술정신과 포항의 문화를 시대에 맞춰 새롭게 해석한 것이다. 동빈내항은 만선의 상징이라 할 수 있는 얼음 공장과 얼음을 운반하기 위해 설치한 얼음운반 통로가 그대로 있을 정도로 개발 초창기 포항의 고유한 모습을 간직하고 있다. 반폐쇄성 해역의 항구로 형산강과 영일만이 만나는 동빈내항은 근대화와 도시화 과정으로 생긴 해수 단절과 수로 매립 등으로 오염이 심각했으나 최근 각고의 노력으로 정화복원이 되어 수중 생태계가 회복 중이다. 지역의 문화와 역사를 잘 아는 예술가들이 형산강과 동빈내항을 이어주는 포항운하에 더욱 활기를 불어넣기 위해 정화냉장 건물에 공공미술 작품을 계획했다.

겸재 정선이 포항 청하에서 진경산수로 한국적 화풍을 남겼다. 진경이란 '세상을 보는 새로운 눈'을 의미하며, 마음이 받아들이고, 눈이 읽어내고, 감정이 흘러가는 그것을 담는 것으로 정의된다. 겸재는 폭포를 그리는 것이 아니라 폭포의 정신을 그리는 것이라고 하였다. 겸재 정선의 진경산수의 진수인 '내연삼용추'의 폭포 물줄기가 동빈내항의 생명의 물줄

---

42 세 작품은 만선의 꿈, 신내연삼용추, 로드갤러리이다.

기로 새롭게 수혈하여 영일만 바다로 나아가기 위한 바다길을 열어주고자 한다.[43]

해동로에서 송도를 등에 지고 정화냉장을 바라보면 얼음 창고로 드나드는 대형 출입구와 그 뒤편에 냉동 탑으로 보이는 높이 20m 구조물의 넓고 큰 벽, 지붕이 예술의 옷을 입은 것이 보인다. '신내연삼용추'는 공공미술프로젝트 사업 제안을 시작으로 해당 지역과 대상지 연구, 참여 작가와 자문위원 선정, 제작, 안전과 유지, 보수, 관리에 해당하는 세밀한 요소들과 관련된 많은 회의를 거쳐 완성되었다. 정화냉장 앞에 서면 우람한 기암괴석의 협곡과 폭포를 품고 있는 내연산이 어떤 재료와 모양과 색으로 표현됐는지 확인할 수 있다.

작품 '신내연삼용추'는 포항을 제대로 읽어 낸 공공미술작품이라는 점에서 의미가 크다. 지역 작가들이 자신이 사는 동네를 충분히 조사하고 생각하여 만들었다는 것 못지않게 같이 사는 주민들과 공유하며 소통하기 위해 관객 친화적으로 계획하고 시도한 것 또한 박수 받을 만하다. 상상력과 재능으로 각각의 솜씨를 발휘할 작가들과 다양한 구성원들의 효과적으로 연결하

---

43 2022년 공공미술프로젝트 우리동네미술 3AS 포항 공공미술 프로젝트, 생명의 물길에서 문화로 22쪽

는 일, 설치될 공간인 건물주의 이해와 협조를 구하는 일, 복잡한 행정 등을 해결한 예술 전문기획사 '문화밥'의 서종숙 대표와 이창희 예술감독 그리고 오남식 작가, 손정원 작가, 박수철 작가, 김왕주 작가 등 별나고 곰살맞게 포항다운 이 공공미술작품의 배경에는 여러 예술가들의 감각과 숨겨진 수고가 있다. 아무쪼록 많은 사람의 노력과 협력으로 제작된 이 작품에 적절한 유지보수의 지원이 계속 이뤄져 포항 시민이 오래 감상할 수 있으면 좋겠다.

디자인 설계(사진 제공 / 문화밥)

정화냉장 작품 설치전(사진 제공 / 문화밥)

정면

측면

김 석

[가방 던지는 사람] 105×88×228cm / 브론즈 / 2007
포항시립포은중앙도서관 / 포항시 북구 삼호로 31

　포항에 있는 여덟 개의 시립도서관 중에 포은중앙도서관은 규모나 기능 면에서 지역 도서관의 중심 역할을 한다. 중앙도서관이란 이름에 걸맞게 도서관의 입구에 멋진 현대미술 작품이 놓여있다. 김석 작가의 '가방 던지는 사람'은 한 손으로 가방을 던지려는 역동적인 형태의 브론즈 작품으로 얼핏 보아도 유명한 미론의 '원반 던지는 사람'을 떠오르게 한다. '원반 던지는 사람'은 기원전 5세기 그리스 조각가 미론이 청동으로 만든 것이지만, 그의 원작은 소실되어 전해지지 않고 다른 이들이 본떠 만든 대리석 작품이 이를 대신하고 있다. 원반던지기는 고대 올림픽에서부터 겨루던 5개 종목 중 하나로, 2.5m 지름의 원 안에서 원의 중심으로부터 34.92°의 부채꼴로 이어진 두 섹터 라인의 안쪽으로 원반을 던지는 경기이다. 경기에 참가한 선수는 서클 안에서 빙글빙글 몸을 회전시키다가 속도가 절정에 이르면 왼발

제작 장면(사진 제공 / 김석)

을 축으로 던진다. 원반을 조금이라도 멀리 던지려고 몸의 회전을 효과적으로 취하고 있는 이 작품을 세밀히 들여다보면 왼팔과 손이 앞으로 디딘 오른발의 무릎 밑으로 힘껏 펼쳐져 있고 이와 반대로 오른팔은 어깨보다 훨씬 높은 위치로 올라감과 동시에 곧 재빠르게 반동을 이용해 힘찬 운동을 시작하려 한다. 얼굴은 원반이 날아갈 방향 대신 양팔의 중간지대 쪽을 향했지만 거의 무표정이고 발달된 각종 근육과 골격들이 튕겨 오르기 직전

최초 스케치(2005년, 사진 제공 / 김석)

측면   후면

의 용수철같이 한껏 웅크렸다.

  '가방 던지는 사람'은 전체적으로 '원반 던지는 사람'의 형태를 그대로 담고 있다. 다만 다른 점은 '원반 던지는 사람'이 발달한 근육과 튼실한 골격으로 육체의 아름다움을 표현한 것과 다르게 김석 작가는 현대인의 삶을 얘기하기 위해 이 작품을 차용했다. 차용이란 현대 미술 기법의 하나로 이미 있는 형상에 새로운 것을 합성해서 또 다른 작품을 창조하는 기법으로 이 작품에서는 인체에 옷을 입히고 멀리 던질 원반을 가방으로 대체했다. 근육질의 나체인 운동선수가 정장을 차려입은 샐러리맨이 된 것이다. 잘 관리된 각종 근육보다 와이셔츠에 넥타이와 단추가 채워진 신사복 상·하의와 구두, 세련된 헤어스타일까지 흐트러짐 없이 깔끔한 남성이 원반 대신 가방을 던지기 일보 직전이다. 가방이란 현대인의 삶을 나타내는 일종의 복합적인 상징성과 기호로 가방을 던지려는 순간이 강렬하고 역동적이지만 역설적으로 슬픔이 있다고 김석 작가는 말한다.[44]

작품 '가방 던지는 사람'에는 성과와 경쟁으로 인해 스트레스가 일상적인 현대인이 조금이라도 현실에서 벗어나려는 모습이 있다. 원반 대신 업무용 가방을 멀리 집어 던지고 홀가분한 마음으로 어디론 훌쩍 떠나버리거나 그렇지 않으면 마음의 양식이 되는 책이라도 볼 여유가 있어야 한다는 외침이 묻어난다. 삶의 무게를 견디고 있을수록 일상에서 탈출하고 싶어 하는 현대인의 마음을 절절히 말해주고 있다.

44　김석 작가의 작가 노트 참고

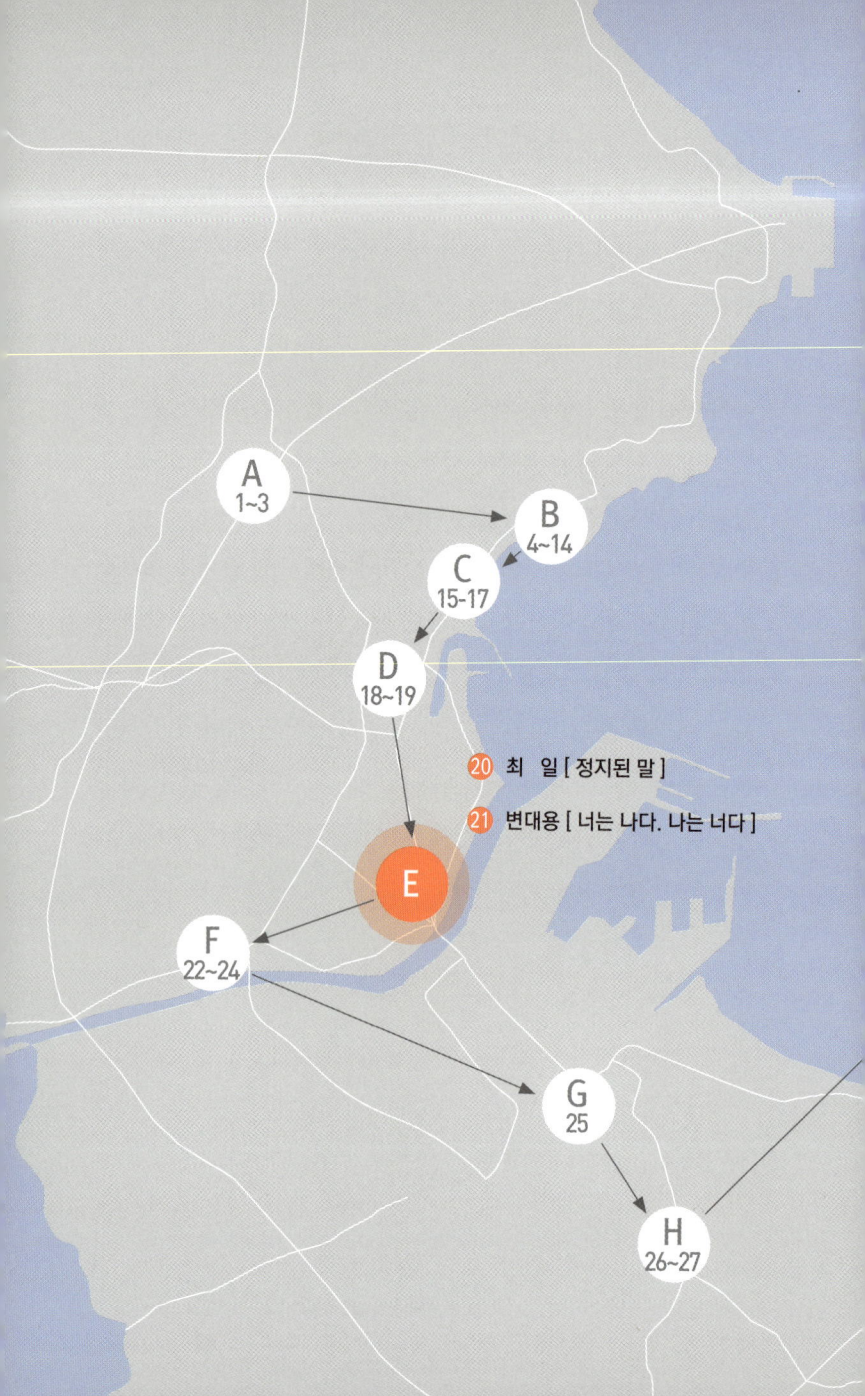

포항운하

I
28~30

송도교

송림교

    동빈내항과 형산강을 잇는 포항운하 1.3km 구간에는 사람과 차량이 다닐 수 있는 송도교, 송림교, 해도교가 있고 탈랑교, 말랑교와 같이 사람만이 다닐 수 있는 육교가 있다.[45] 최일 작가의 '정지된 말'과 변대용 작가의 '너는 나다, 나는 너다'가 송림교와 탈랑교 사이의 송도동 쪽 녹지대 중간의 느리게 흐르는 운하 곁에 있다.

---

45 운하에 있는 탈랑교, 말랑교와 함께 운하와 동빈내항이 만나는 송도교 북쪽에 우짤랑교 역시 육교이다.

포항운하관

최 일

[정지된 말] 215×75×285cm / 브론즈 / 2004

앞을 주시하며 네 다리를 꼿꼿하게 세운 말 한 마리가 붉은 화강암 좌대 위에 고고하게 서 있고 그 옆 오른쪽 벤치에서 휴식을 취하는 시민의 모습이 자연스럽다. 최일 작가의 '정지된 말'은 먼지와 비의 흔적으로 생긴 검푸른 색이라 가까운 바다와 먼 바다의 색을 동시에 띠고 있는 것처럼 보인다. 최일 작가는 오래 전부터 말을 만들었다. 그는 인간과 오랜 시간 동안 같이 산 말은 우리에게 친숙한 존재이며 인체만큼 아름다운 조형미를 가지고 있다고 생각한다. 그래서 말은 마치 인체처럼 어느 각도에서 어떻게 보든지 마음을 사로잡아 끄는 힘이 있다고 믿는다. 자신이 이야기하려는 바를 인간의 몸에 빗대어 표현하는 작가가 있듯 최일 작가는 말을 통해 이야기한다.

최일 작가는 별의별 말을 다 만든다. 혼자 있는 것부터 여러 마리가 같이 있는 말, 사람과 함께 있는 말, 몸 전체를 지닌 것도 있고 머리에서부터 목이나 몸통에 속한 부분만을 만든 것도 있

측면

다. 곡예 하듯 두 팔 벌린 사람을 태운 말, 건축물이나 가구와 좌대 위에 올라선 말, 선으로 만들어신 육면의 프레임에 매달린 말, 사람의 머리 위에서 달리는 말, 마치 물에 빠진 것처럼 몸의 절반만 풀밭에 드러낸 것이나 말의 전체 형태에서 일정 부분을 생략한 것이 있다. 또한 머리나 꼬리가 없거나 혹은 약간의 형태만 표현한 것부터 다른 동물과 섞인 것 같은, 말하자면 기린처럼 목이 길거나 늑대나 개처럼 몸통이 날렵하고 다리와 몸통의 비율이 개과 동물과 흡사한 것이 있다. 간혹 아주 자세히 말의 표정을 묘사한 것이 있지만 표정을 생략하고 쫑긋한 귀, 입을 벌린 말이 있다. 각각의 색이 황금색으로 번쩍이는 것부터 청동의 푸른 녹으로 고전적인 분위기를 품고 있는 것, 검은색 등 가지각색이다.

 작품 '정지된 말'은 달리거나 움직이고 있지 않으며 등에 태운 사람이 없다. 멈추어 있는 말이라 그런지 침묵의 세계를 달리는 말 같아 보인다. 말은 대개 형태에 따라 냉혈종, 온혈종, 포니로 구분하지만 여기 있는 말은 어디에 속하지 않는 독특한 몸집을 가지고 있다. 사극의 주인공을 태우고 두 발을 하늘로 치켜든 멋진 포즈가 아닐뿐더러 몸통 대비 다리가 가늘고 날씬하다. 게다가 말발굽이 다리의 수직 방향에 엇각으로 간소하게 붙어 있다. 역동적인 갈기, 두껍고 단단한 굽, 풍부한 말총은 없고 단순한 허리와 간략한 꼬리는 도리어 내면의 역동성을 역설적으로 보여

정면

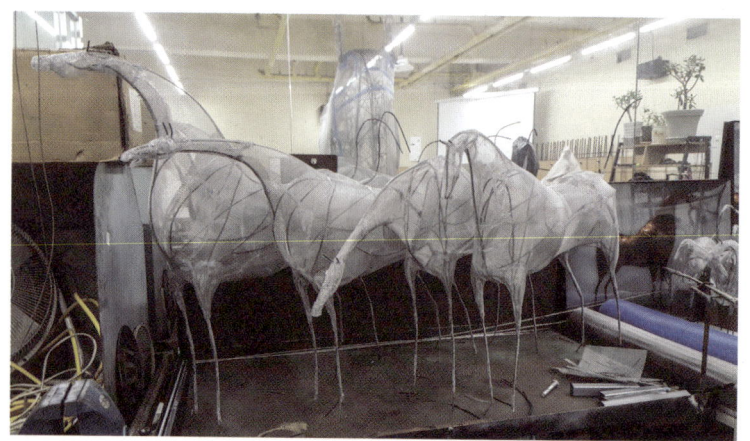

금속망 제작 중(사진 제공 / 최일)

제작 장면(사진 제공 / 최일)

준다. 이 모두가 정중동을 설명한다. '정지된 말'은 필요 없이 근육들을 묘사하지 않고 말을 대표하는 최소의 요소들만 가지고 있다. 자동차에 비유하자면 GMC 트럭이 아닌 맵시 좋은 세단 같고 전화기로 말하면 각지고 무거우며 검은색인 유선 전화기가 아닌 온갖 성능을 지닌 신박한 핸드폰 같다. 여기 있는 말은 갈기와 말총을 날리며 거칠게 콧소리를 내지만 결국 인간에게 복종하는 가축이 아니다. 잡을라치면 매끄럽게 빠져나갈 것 같은 그래서 건드릴 엄두도 못 낼만큼 날렵한 야생 동물이다.

최일 작가는 아이디어스케치나 모형작업을 거치지 않고 작품을 직접 제작한다. 아이디어스케치를 하지 않은지 30년이 넘었고 모형 역시 만들어 본지 꽤 오래전이라고 한다. 그는 작품의 형태가 떠오르면 금속망으로 얼추 원하는 형태를 만들고 그 위에 합성수지 재료를 붙여 직접 제작하는 기법을 선호한다. 아이디어스케치 없이 작품을 만들면서 만약 바꿔야 할 부분이 생기면 그때 수정한다. 최일 작가의 이런 직설화법 같은 제작 방식은 광야를 달리는 진짜 야생마를 생각나게 한다. 가두리 안으로 절대 붙잡혀 오지 않을 활달하고 거친 말 한 마리에 최일 작가가 겹쳐 보인다.

측면

변대용

[너는 나다. 나는 너다] 350×130×225cm / 브론즈 / 우레탄 / 2010

    포항운하에서 유람선을 처음 탔을 때 운하를 가로지르는 다리 이름의 안내를 듣고 웃었던 기억이 있다. 서로 맞장구치듯 감칠맛 나는 이름인즉 탈랑교, 말랑교, 우짤랑교였다. 정말 한번 듣고도 잊지 않을 정도로 재미있는 이름이다. 세 개의 다리 중 첫 번째 탈랑교 옆에 변대용 작가의 작품 '너는 나다. 나는 너다'가 있다. 이 작품은 좌대 위에 올라선 두 등장인물이 약간의 거리를 두고 탁구공을 서로 연달아 쳐 넘기는 장면으로 구성되었다. 지름 4cm, 무게 2.7g의 공을 주고받는 두 등장인물은 모두 노란색 상의와 흰색 운동복 반바지에 붉은색 쉐이크 핸드 라켓을 들었다. 뒤로 묶은 머리채가 역동적으로 들떠 있고 두 사람 중 한 쪽 사람의 라켓에서 5개의 연속체로 된 탁구공이 튕겨 나오는 중이다. 손가락이나 옷의 깃, 바지 주름, 운동화 끈이 어느 정도 세밀하게 표현된 것에 반해 얼굴은 눈, 코, 입의 세부 표현이 없이 전반적인 흔적만 있는 터라 상대적으로 튀어 오르는 탁구공

측면

E. 포항운하

제작 장면(사진 제공 / 변대용)   제작 장면(사진 제공 / 변대용)

이 눈길을 끈다. 노란색 다섯 개 탁구공은 짧은 시간에 이뤄지는 숨 막히는 공방보다 재생 속도 0.25배속의 느릿한 시간의 배열처럼 보여서 탁구라켓만 없다면 등장인물을 듀엣으로 춤을 추는 무용수라 해도 괜찮을 정도다. 이런 모습 때문에 이 작품에는 스포츠의 경쟁과 대결 대신 타자와 조화를 이루며 공존하려는 마음가짐이 넘친다.

이런 어법은 그간 변대용 작가가 사회적인 문제를 동물을 통해 우화적으로 이야기하던 방법과 왠지 비슷하다. 그의 작품에 등장하는 동물들은 우리가 지배하는 대상이라기보다 함께 살아가는 이웃으로 표현된다. 하물며 동물이 그러할진대 같은 사람인 이웃은 어떻겠는가 싶다. 변대용 작가의 '너는 나다. 나는 너다'를 구성하는 두 인물은 서로를 제압하거나 지배하고픈 의지가 없다.

　우리들은 모두
　무엇이 되고 싶다.
　너는 나에게 나는 너에게
　잊혀지지 않는 하나의 눈짓이 되고 싶다[46]

김춘수 시인의 시처럼 삶을 나누며 함께 살자는 눈짓이 있는 이 작품은 즐거운 마음으로 넘긴 공을 다시 그렇게 나에게 넘겨주는 이웃을 확인해주는 장치 같다.

---

46 〈꽃〉 부분, 김춘수, 김춘수 시선, 지식을 만드는 지식, 2012, 58쪽

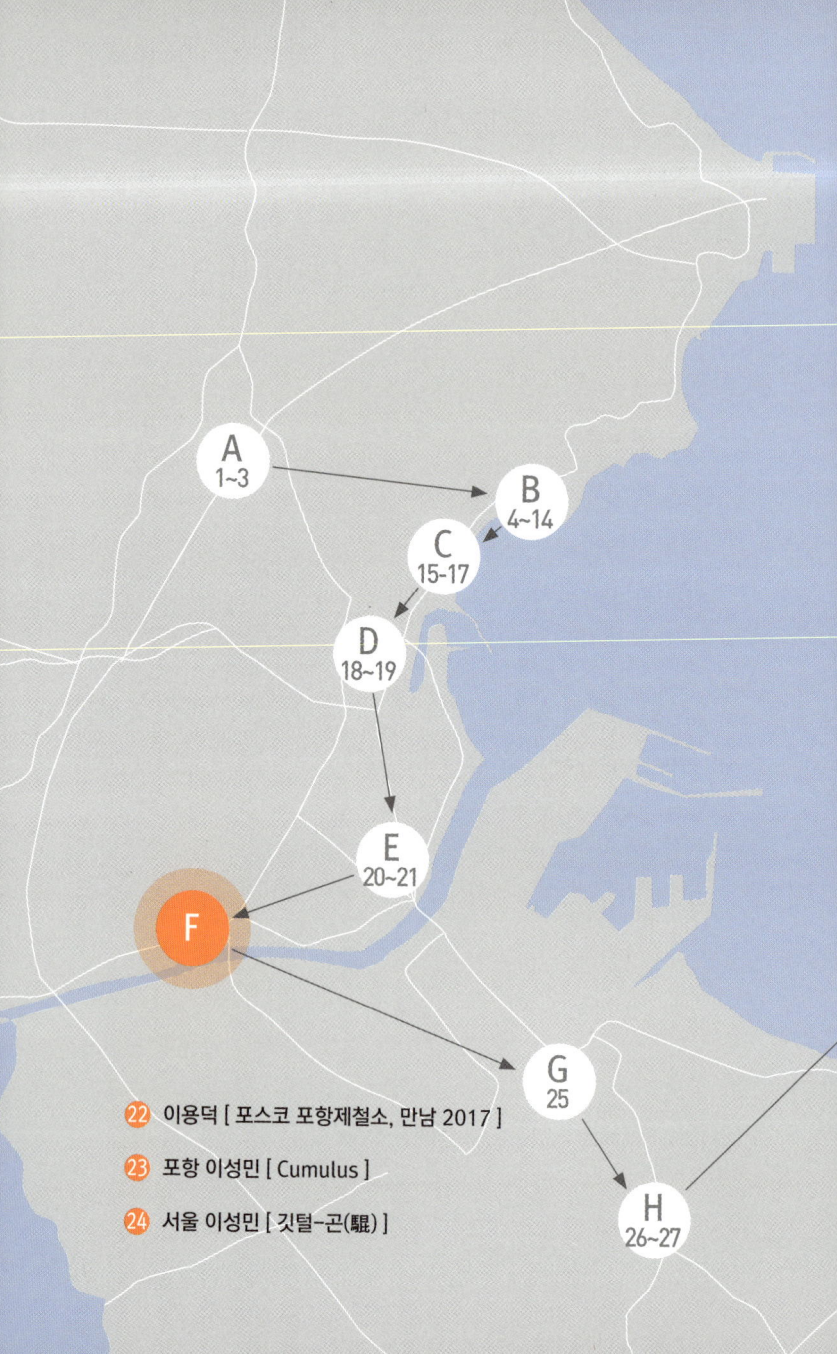

22 이용덕 [포스코 포항제철소, 만남 2017]
23 포항 이성민 [Cumulus]
24 서울 이성민 [깃털-곤(騉)]

대이동의
철길숲

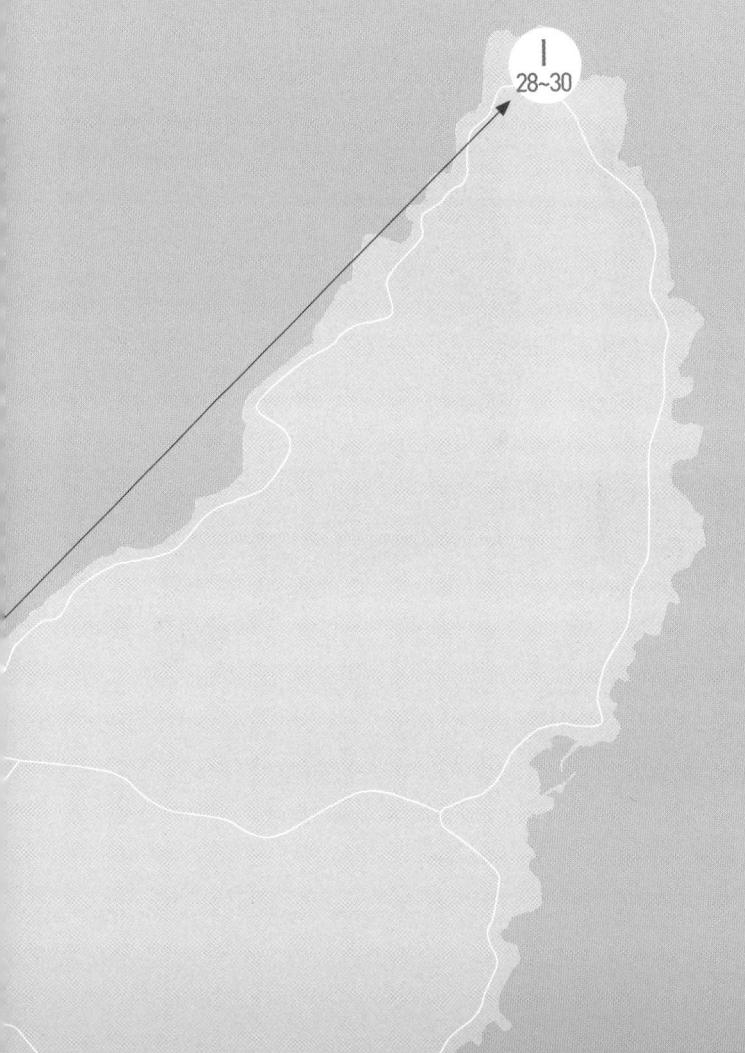

I
28~30

세부

이용덕

[만남 2017]
포스코 포항제철소 / 360×1800×400cm / 후판재 / 레이저커팅 / 집적 / 2017

'만남 2017'은 역상조각으로 알려진 이용덕 작가의 작품이다. 역상조각이란 움푹 파인 음각 기법으로 형태감을 유지하여 평면보다 오목하게 들어가도록 제작하는 특이한 기법이다. 작품 '만남 2017'에는 역상조각 기법과 더불어 모아 쌓는 집적 기법이 사용되었다. 가로 240cm 세로 300cm, 두께 5cm인 철판 500장이 쌓여 가로 360cm, 세로 1800cm, 높이 400cm의 작품으로 완성된 것으로 디지털 원리를 응용했기 때문에 언제든지 조합이 가능하며 동시에 해체도 가능하다. 이번 작품은 이미 국내외에서 두 차례에 걸쳐 합판 500장으로 제작했던 경험이 뒷받침된 것이다. 작가의 설명에 의하면 누구라도 작품에 대한 데이터만 있다면 똑같이 이 작품을 만들고 해체할 수 있다고 한다. 이 작품에 대한 소개에 '이용덕 작가와 포스코 공동 작품'이란 표현에 수긍이 가는 것은 아이디어를 낸 사람과 만든 사람이 다르기 때문으로 이 또한 새로운 개념이다. 이 작품은 사전에 세밀한 계산과 준비가 주도면밀해야 가능하다. 이용덕 작가는 제일 먼저 작품의 실현이 가능한지 컴퓨터에서 캐드로 가상작업을 거치고 이를 다시 종이로 모형을 제작, 확인한다. 몇 단계를 거치며 제반 사항들의 완성도를 다듬은 후 앞서 말한 대로 500장의 철판을 쌓는다. 작품 제작은 현장에서 철판을 한 장씩 정교하게 포개는 것이며 마지막 판재가 가장 높은 곳에 얹어졌을 때 최종적으로 완성된다. 판재를 다 얹으면 이용덕 작가가 즐겨 사용하는 역상조각 효과가 나타나지만, 기존에 이 작가가 쓰던 방법과 다른 점은 작품의 중심에 관통하는 큰 공간이 있고 그 공간에 사람의 모습이 드러난다는 점이다. 이는 앞서 포항시립미술관에서 봤던 오의석 작가의 '사랑으로'처럼 가운데 비어낸 공간을 통해 이미지가 드러난다. 작품의 정면에 큰 구멍이 있고 이 구멍이 뒷면까지 관통하여 앞면에는 사람의 얼굴이 외각으로 나타나고 뒷면에는 두 사람의 모습으로 이어진다. 정면에서 보면 옆에서 본 사람의 얼굴 모습이 안쪽으로 들어가면서 서 있는 두 사람의 모습으로 변해간다.

이 작품을 보러 대이동 철길숲에 갔을 때에 해가 막 지고 있었다. 한낮보다 이때 가면 좀 더 매력적이란 말을 사전에 들었기 때문이다. 해가 기울면서 왼편에 좀 떨어져 있던 가로등이 마치

아이디어스케치(사진 제공 / 이용덕)

모형(사진 제공 / 이용덕)

정면

온종일 홀로 외로웠었다며 그림자로 슬며시 작품에 기대는 것 같이 보였다. 제목에 만남이란 단어가 들어가서 그런지 그림자가 작품에 슬쩍 들어와 있는 것이 좋아 보였다. 혹시 이것도 작가의 의도였나 싶었다. 아무튼, 조금 후 해가 완전히 지고 저녁이 되니 조명으로 새로운 분위기가 연출되었다. 작품을 구성하고 있는 중앙의 두 형태 즉 큰 얼굴과 두 사람이 조명과 어둠에 의해 더 뚜렷해졌다.

측면

정면

포항 이성민

[Cumulus] 110×260×120cm / 브론즈 / 2019

작품 'Cumulus'를 보면 먼저 생각나는 에피소드가 있다. 대이동 철길숲에서 이 작품을 처음 보고 궁금한 것이 있어 작가에게 직접 연락을 했었다. 그간 이성민 작가의 작품을 전시장에서 몇 차례 봤었건만 이번 작품에서 그 경향이 확 달라져서 어떤 이유가 있는지 궁금했다. 수소문하여 연락처를 구했으나 불쑥 전화하는 것이 무뢰한 일이라 통화를 원한다는 문자를 보낸 후 오래지 않아 그와 연결됐다. 그런데 본인이 이성민 작가가 맞고 이성민 작가 아니라는 것이다. 잘못 들었나 싶어 이성민 작가이지만 이성민 작가가 아니라뇨? 하며 어리둥절했더니 곧 이어진 그의 친절한 설명으로 진의를 알게 됐다. 자신은 서울 이성민이고 내가 찾는 작가는 포항 사는 이성민으로 동명이인이라는 것이다.(이후로 나는 당사자들의 동의를 얻어 구분하기 쉽게 포항 이성민 작가와 서울 이성민 작가로 부른다) 이 말과 함께 내가 포항 이성민 작가에게 가장 먼저 물어보고 싶었던 질문의 답을 자연스레 얻었다. 결론적으로 대이동 철길숲에 있는 'Cumulus'는 2019년 포항스틸아트페스티벌에 출품된 포항 이성민 작가의 작품이며 이것을 동명이인의 작가 작품과 혼동한 것이다. 작품 경향이 다른 것은 당연했다. 암튼 의문은 풀렸지만, 동명이인인지 모르고 공연히 실례를 범해 겸연쩍어하며 통화를 끝낼 즈음에 서울 이성민 작가가 본인도 2022년 포항스틸아트페스티벌 초대되어 10월에 포항에서 전시한다는 것이다. 같은 이름을 가진 서로 다른 작가의 작품을 포항에서 보게 되었으니 참 묘한 인연이구나 싶어 이참에 두 이성민 작가의 작품을 함께 얘기 한다.

포항 이성민 작가와는 여러 날이 지난 뒤에 연락이 닿았다. 라오스어로 '가시나무 새싹'이란 뜻의 2022년 11호 태풍 힌남노가 포항을 할퀴고 지나간 이틀 후였다. 혹시 하여 이성민 작가는 어려움을 당하지 않았냐는 안부 인사에 그는 다행히 큰일이 없지만 처가 동네인 구룡포가 심각하다고, 특히 구룡포시장에 사람 한 키 정도의 침수로 엄청난 피해가 있었고 그래서 지금 그곳을 돕는 중에 내 문자를 받고 전화를 준 것이라고 했다. 그는 얘기 중에 전남 곡성에서 소방대원들이 와서 일주일도 더 걸릴 일을 단 하루 만에 해결해주고 갔다는 미담도 전했다. 전라도 분들이 재난을 당한 경상도에 찾아와 돕고 갔다니! 불행 중 다행으로

점토 모형 제작 중(사진 제공 / 포항 이성민)

제작 장면(사진 제공 / 포항 이성민)

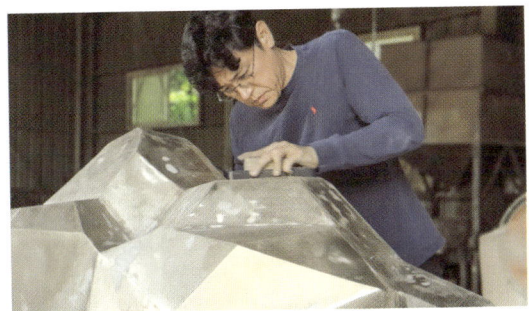

제작 장면(사진 제공 / 포항 이성민)

이런 소식은 태풍과 홍수의 암울한 먹구름을 밀어내는 흰 구름과 그 사이로 나타난 햇살 같았다.

구룡포에는 바람과 구름이 많다. 포항 이성민 작가는 자기가 사는 동네의 구름과 바람에 대해 느끼는 것을 표현한다. 이곳의 구름은 습기가 많은 바다와 바람의 영향으로 풍부한 양감을 가진다. 작품 제목 'Cumulus'는 적운(積雲)으로 흔히 뭉게구름이라 부르며 솜을 쌓은 것 같은 흰 구름이다. 이성민 작가가 처음에 만든 구름 작품들은 관념적이라 어린이가 봐도 쉽게 알 수 있는 보편적인 모양을 가지고 있었다. 재료 역시 지금의 작품과 다르게 나무를 사용했지만 이후 구름의 볼륨을 표현하는 방법에 변화를 주었다. 또한 구름의 덩어리 감이 돋보이도록 형태를 큰 면으로 완만하며 둥글게 하던 방법을 버리고 작은 면을 여러 개로 나눈 후 그것을 잇는 방식을 택했다. 'Cumulus'에서는 면과 면이 만나서 만드는 모서리가 부드럽기보다 각을 내고 이를 통해 생기는 음영의 효과를 적용했다. 솜사탕처럼 꽉 찬 양감을 여러 개의 면으로 대체하여 음영을 강조한 것이다. 작품 제작은 먼저 작품 모형을 만드는 것으로 시작하고 이를 바탕으로 스티로폼을 다듬어 크게 만든다. 이때 여러 면으로 이어진 모서리 같은 연결지점의 거친 부분은 효과적인 마감을 위해 핸디코트로 수차례 덧입히고 사포로 세밀하게 다듬는다. 이런 공정을 거친 후 주물 공장에서 브론즈로 만들고 표면은 자동차 도장과 같은 방법으로 채색을 하고 표면을 보호해주는 도료인 클리어로 제작을 마무리한다.

측면 (2022년 포항스틸아트페스티벌, 송도해수욕장 / 사진 제공, 서울 이성민)

서울 이성민

[깃털-곤(騉)] 80×100×300cm / 산소절단 / 철 / 2021

입체 작품을 만드는 것을 조소(彫塑, plastic arts)라고 한다. 조소는 조각(彫刻)과 소조(塑造)를 합친 말로 전자는 재료를 깎거나 새기는 것이고 후자는 빚거나 덧붙여 삼차원의 공간적 부피를 만든다. 나무나 돌덩이에서 불필요한 부분을 제거한 나머지로 원하는 형상을 만드는 것이 조각이고 소조는 아무것도 없는 상태에서 점토같이 차진 재료를 덧붙여서 원하는 모양에 이른다. 조각은 제거의 결과물로써 목조나 석조 같은 작품 제작에 주로 쓰이고 소조는 집적의 결과물로 테라코타 등이 여기에 속한다. 금속 등의 재료를 부분적으로 녹여 붙이는 용접은 집적하여 만드는 것이라서 구분하자면 소조 기법의 일종이라 할 수 있다. 서울 이성민의 작품 '깃털-곤'은 통 쇠를 깎아서 깃털 모양으로 만드는 조각 기법을 쓴다. 어떤 재료든 다루는 모든 기술이 마찬가지겠지만 금속 재료를 다루는 기술 역시 쉽지 않아 배우고, 익혀야 가능하다. 게다가 금속 재료를 다룰 때 작가가 고열과 섬광 등에 노출되기 일쑤여서 안전사고의 염려가 있다. 일반적으로 철이나 스테인리스 스틸 같은 금속 재료를 다루기 위해 용접기와 절단기를 쓴다. 용접기는 주로 붙일 때, 절단기는 필요한 모양이나 크기로 금속을 자르거나 가공할 때 쓴다. 대개 금속을 다루는 작가는 용접기로 금속을 붙여서 형태를 만들지만, 서울 이성민 작가는 붙여서 작품을 만들지 않고 깎아서 만드는 데 이런 경우가 흔치 않다. 그는 돌이나 나무를 깎듯 쇳덩이를 산소절단기로 원하는 모양에 이를 때까지 깎아낸다. 산소절단기로 아세틸렌이나 LPG에서 얻는 3000℃ 정도의 온도와 고압의 산소를 이용해 단단한 철을 잘라낸다. 절단기의 불꽃이 금속을 파고들면 강렬하게 번쩍이는 불꽃과 요란한 소리와 연기 그리고 특유의 냄새가 진동한다. 작품도 작품이려니와 작품을 제작하는 모습 또한 장관이다. 불필요한 부분을 깎아내면 쇳덩이에 산소절단기의 흔적이 고스란히 남아 있다. 무채를 만들 때 강판으로 몇 번 문지른 무의 표면을 보면 강판의 날카로운 칼집이 온전히 남겨지는 것 같이 압력과 화염이 지나간 흔적이 쇳덩이에 생생하게 남는다. 서울 이성민 작가는 3m 정도 되는 쇳덩이의 많은 부분을 산소절단기로 제거하고 덜어내기를 반복하여 깃털의 형상을 만든다. 작품 '깃털-곤'이 거의 두 달에 걸쳐서 얻은 결과물이라고 하니 작품을 만드는 일은 중노동이 아닐 수 없다. 지루하

아이디어스케치
(사진 제공 / 서울 이성민)

세부 (2022년 포항스틸아트페스티벌/
송도해수욕장, 사진 제공 / 서울 이성민)

정면(2022년 포항스틸아트페스티벌/
송도해수욕장, 사진 제공 / 서울 이성민)

고 고된 노동으로 만든 작품 '깃털-곤'은 장자의 소요유(逍遙遊)의 신화적 동물에 관한 것이라고 한다. 작가에 의하면 북쪽 깊은 바다의 물고기 곤(鯤)이 변하여 붕(鵬)이라는 새가 되어 날아오를 때 날개가 하늘에 드리운 구름 같았다는 얘기가 그 배경이다. 장자의 내용을 완벽하게 이해하기는 쉽지 않지만, 물고기가 변하여 새가 되고 날아오르는 새의 날개는 하늘의 구름과 같다고 한다. 작가의 설명을 듣고 보니 육중하고 단단한 철을 깎아 만든 깃털이 구름과 겹쳐진다. 포항과 서울의 이성민 작가는 동명이인이지만 한 사람은 새의 깃털로 하늘에 드리운 은유적 구름을, 또 다른 사람은 직설적인 구름을 만들었다. 이렇게 포항에는 두 개의 구름이 있다.(참고로 2022년 포항스틸아트페스티벌에 참가한 서울 이성민 작품 '깃털-곤(鯤)'은 송도해수욕장에 전시되었다.)

제작 장면(사진 제공 / 서울 이성민)

25 론 아라드 [Infiniturn]

제철동의 파크1538
포스코 홍보관

| |
| 28~30 |

정면

론 아라드

[Infiniturn] 스테인리스 스틸 / 모터 / 2.2×2.2×8m(H) / 2021

제철동이라고 부르는, 남구 괴동동에 가면 파크1538이 있다. 이곳은 포스코 홍보관과 역사박물관 그리고 명예의 전당을 테마파크 형태로 조성한 곳으로 순철의 녹는점 '1538℃'를 공원 이름으로 쓴 것이다. 파크1538의 홍보관에 있는 여럿의 조각작품 중 하나가 작가 론 아라드의 작품 'Infiniturn'이다. 이 작품에는 '철과 인간의 상상력이 만나 인류 문명을 무한하게 발전시킨다'는 홍보관의 아이덴티티를 나타낸 작품이라는 설명이 있다. 작품명 'Infiniturn'은 끝없이 돈다는 의미의 합성어이며 무한한 가능성을 상징하는 모양과 크기가 시각적인 위용을 느끼게 한다. 작품은 무한대를 상징하는 기호 ∞를 수직으로 세운 숫자 8과 비슷한 모양으로 보인다. 가로, 세로가 각각 2.2m, 높이 8m로 재료는 스테인리스 스틸이며 하단이 둥근 좌대 속에 있는 모터 장치에 의해 천천히 움직인다. 작품을 디자인한 론 아라드는 필립 스탁, 카림 라시드와 더불어 세계 3대 산업디자이너로 불리는 이스라엘 출신의 예술가 겸 건축가이며 곡선의 마술사라는 별명이 있을 정도로 곡선을 아주 잘 다룬다. 그의 작품으로 책벌레라 불리는 책꽂이(BookWorm, 1994)가 있고 2016년 청주에서 열린 직지코리아국제페스티벌에서 우리나라의 전통적인 서적의 형태로 만든 파빌리온이 있다. 론 아라드는 도쿄 롯폰기 힐스 퍼블릭 아트 & 디자인 프로젝트에서 예술과 디자인의 경계를 넘어 아름답고 실용적인 작품들이 스트리트 퍼니처를 설치하기도 했다.

작품 바로 옆에 포항스틸야드 축구 전용구장이 있다. 작품이 있는 곳에서 축구장의 관람석이 내려다보일 정도로 아주 가깝다. 'Infiniturn'을 만든 론 아라드 작가의 의중에 포항스틸야드 축구 전용구장이 있었는지 알 수 없지만, 이 작품을 보면 카타르에서 열린 월드컵이 떠오른다. 작품의 모양이 카타르 월드컵 공식 엠블럼을 닮았기 때문에 2022년 월드컵 16강 진출에 대한 감동적인 기억을 불러일으킨다. 엠블렘의 모양이 숫자 8을 연상시키는데 이는 카타르 월드컵이 모두 여덟 개의 경기장에서 한 것과 관계가 있다. 사실 카타르 월드컵 공식 엠블럼은 월드컵의 전통적인 이미지인 트로피 형상에 중동의 전통 겨울 복장인 모직 숄을 결합한 디자인이라고 한다. 적용된 문양은 카타르 문화의 헤리티지를 드러내는 요소이자 사상 첫 겨울 월드컵의 상징

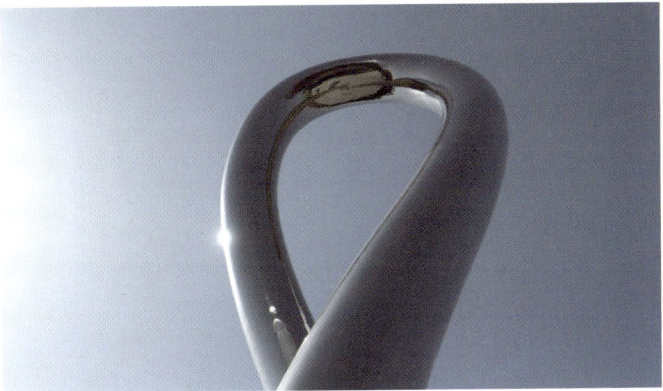

세부

정면

으로 엠블럼 하단의 타이포그래피는 아랍 문자의 캘리그래피 요소를 적용한 것이고 상단 곡선이 중동 사막 언덕의 모래 물결을 형상화한 것으로 알려졌다.[47] 홍보관 안에는 애니쉬 카푸어 작가의 작품 'Non-object'와 박재성 작가의 작품 'Time of the sun and moon'이 있다. 여기 간 김에 이 작품들을 함께 감상했다.

---

47 brandiaglobal.com FIFA 참고

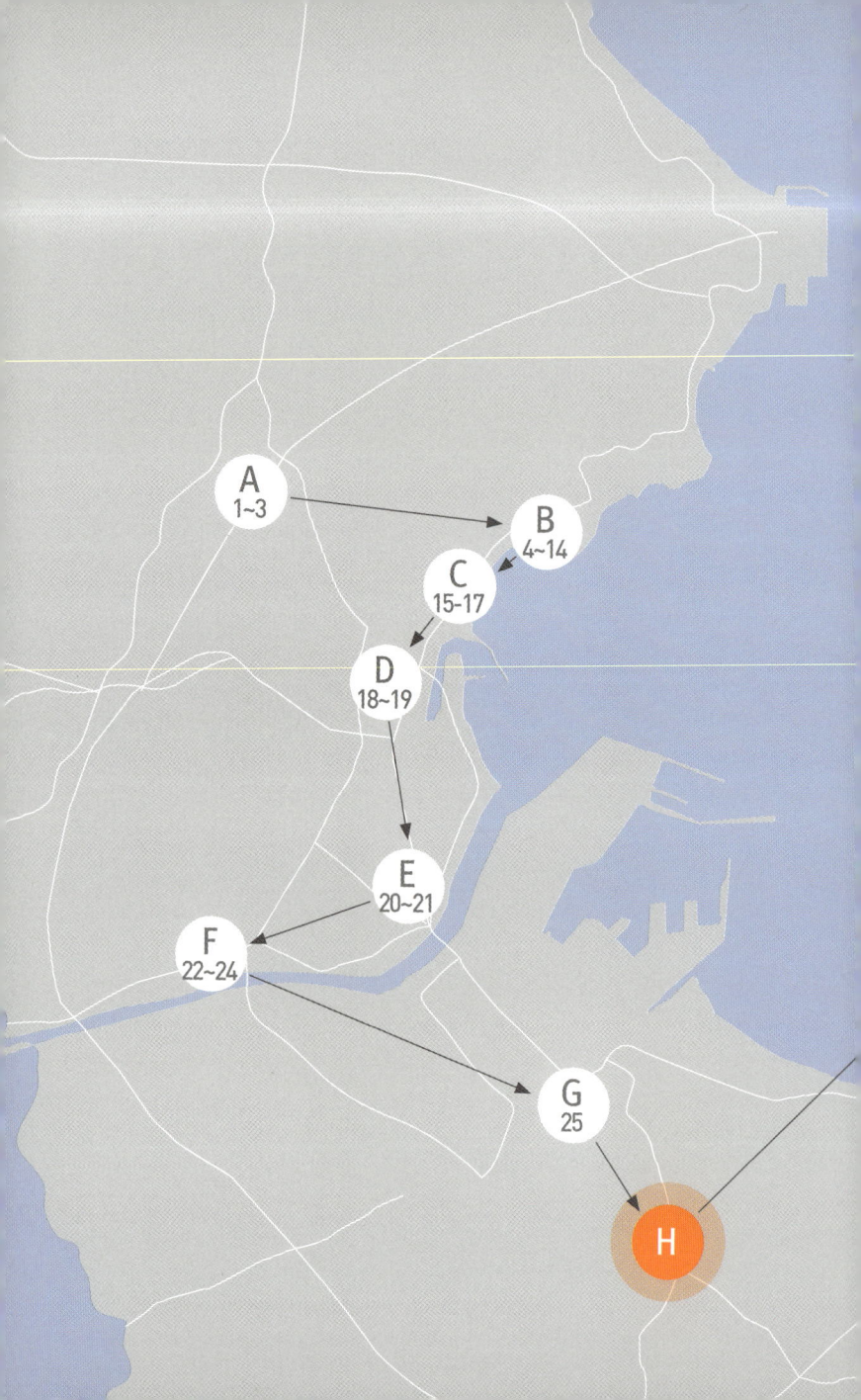

오천읍의
오천예술로

|
28~30

26 안재홍 [나를 본다]
27 모준석 [그 빛 아래]

26

안재홍

[나를 본다] 220×170×70cm / 동파이프 / 산소 / 무수축 그라우트 알곤용접 / 암모니아 부식 / 2017

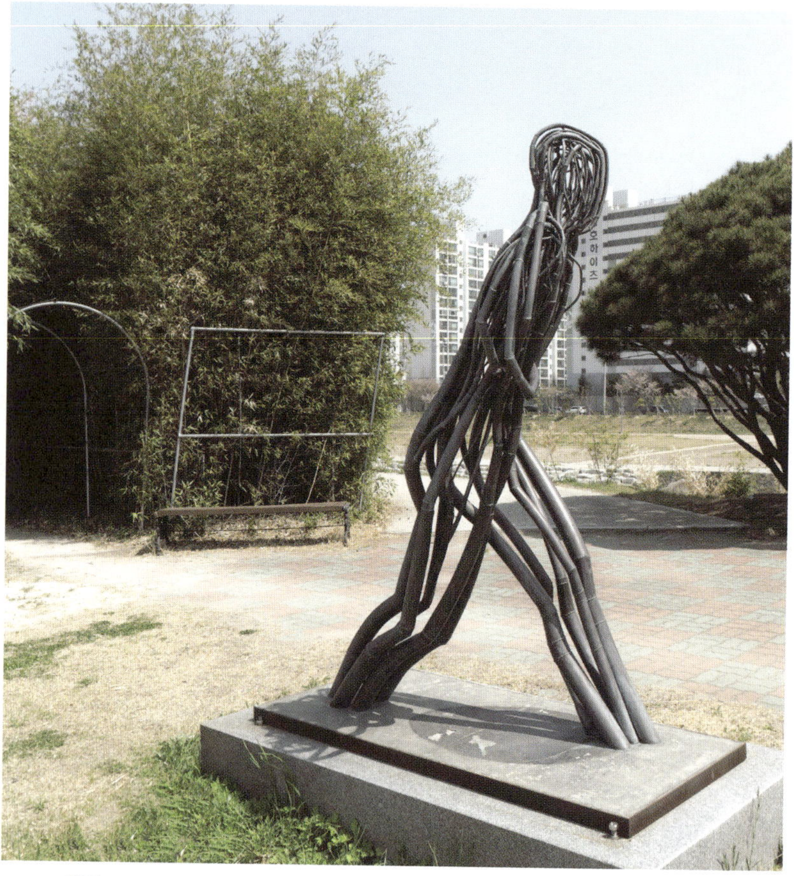

측면

모준석

[그 빛 아래] 130×160×260cm / 동파이프 / 스테인드 글라스 / 2012

2012년(사진 제공 / 안진우)

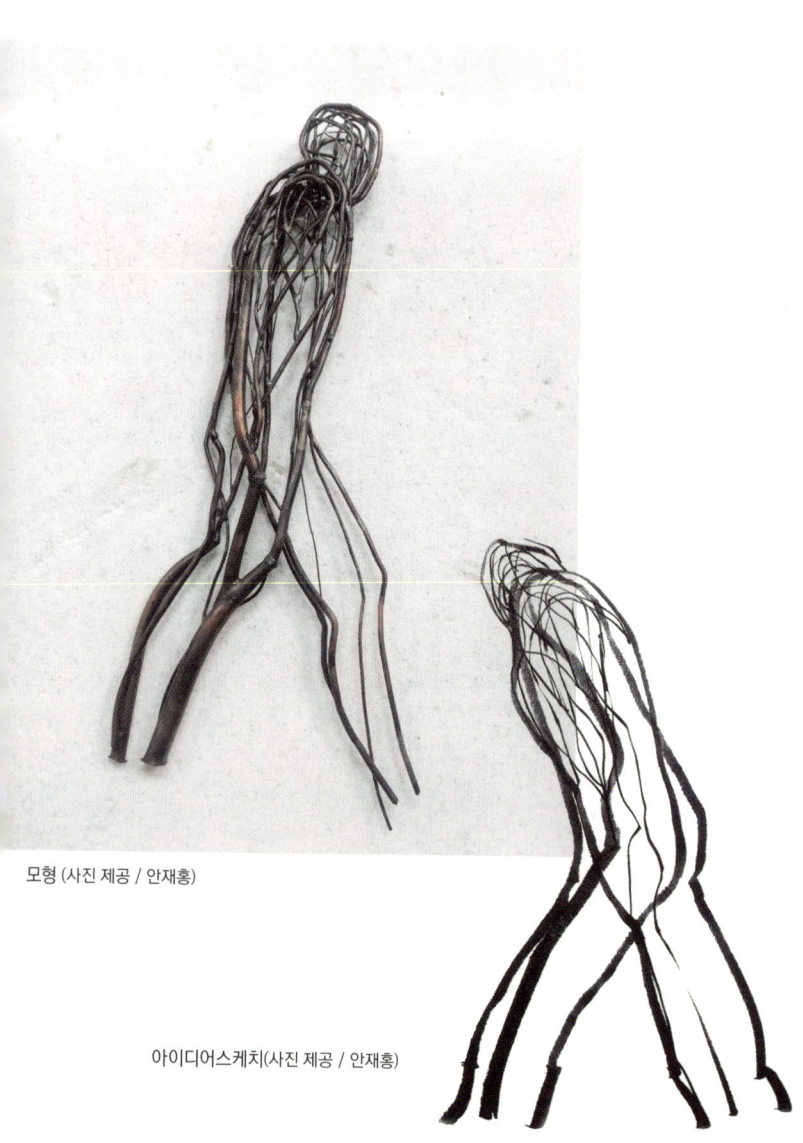

모형 (사진 제공 / 안재홍)

아이디어스케치(사진 제공 / 안재홍)

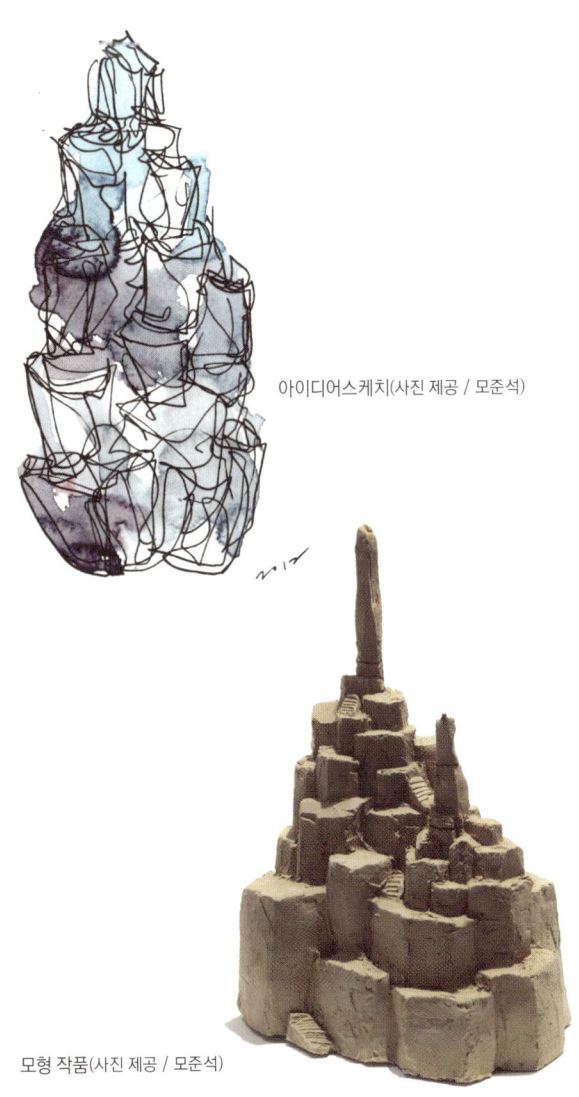

아이디어스케치(사진 제공 / 모준석)

모형 작품(사진 제공 / 모준석)

제작 장면(사진 제공 / 안재홍)

연오랑세오녀 설화(일월신화)의 배경지 오천읍에 가면 오천예술로가 있다. 냉천교에서 문덕3교까지 약 5km에 이르는 오천예술로의 고수부지에 스틸아트페스티벌에 참여했던 여러 작품이 설치되어 있다.

문덕3교에서 멀리 떨어지지 않은 곳에 안재홍 작가의 작품

제작 장면(사진 제공 / 모준석)

'나를 본다'와 모준석 작가의 작품 '그 빛 아래'가 있다. 안재홍 작가와 모준석 작가는 스테인리스 스틸이나 철에 비해 부드럽고 따뜻한 느낌을 주는 동(銅)을 사용하지만, 구체적인 표현 방법이 많이 다르다. 우선 형태적인 측면에서 안재홍 작가는 인간을, 모준석 작가는 건물을 주로 만든다. 게다가 안 작가는 작품을 한

세부(사진 제공 / 안재홍)

명의 등장인물로 구성하고 모 작가는 여러 채의 집을 모아 작품을 구성한다.

안재홍 작가는 작품으로 사람의 모양을 만들며 거기에 자기를 투영한다. 안 작가에 의하면 옛날 사람들이 구리를 닦아 만든 거

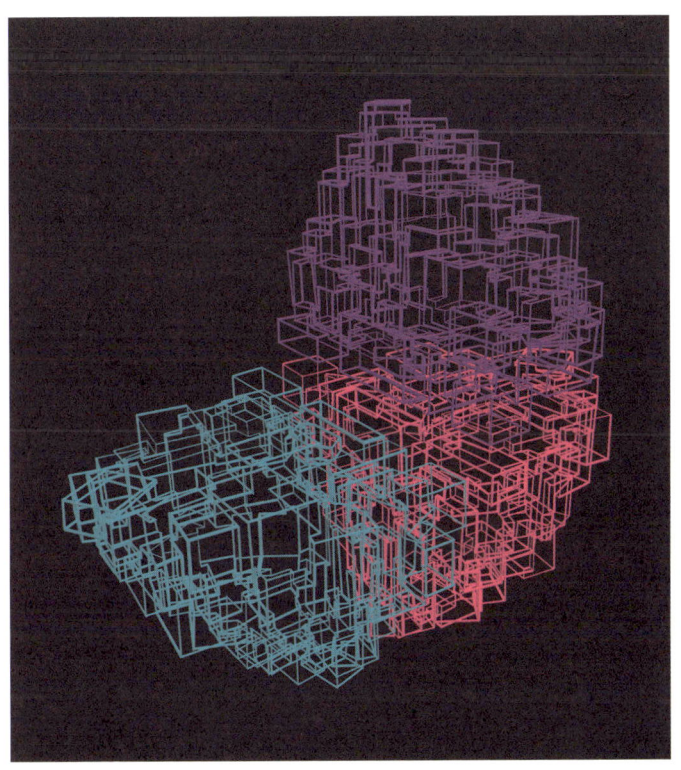

VR 드로잉(사진 제공 / 모준석)

울에 얼굴을 비추듯 대학 시절부터 줄곧 만든 작품에 자기를 비추어 본다고 한다. 안작가가 만드는 인물상에는 성별이 없다. 작품의 형상은 전체적으로 사람이지만 크고 작은 동 파이프가 얽히고설킨 칡넝쿨, 견고하게 엮은 등나무 가구, 수북이 떨어진 댓잎 사이로 드러난 잔뿌리 가득한 대나무를 생각나게 한다. 이런 것들은 어디 사람의 삶이 그리 간단히 설명되고 해석되기 쉬운 것이겠냐고 말하는 것 같다.

모준석 작가의 작품을 구성하는 집들은 작가가 어린 시절 자란 울산의 한 언덕 위에 다닥다닥 붙은 따개비 집과 대학교의 기숙사, 분리와 경계선 없이 함께 있는 군대 내무실의 경험으로부터 왔다. 모 작가는 집을 사람과 사람을 연결하는 곳이라고 생각한다. 작품에 나오는 비어있는 집은 쓸모없고 무가치한 공간이 아니라 이웃을 환대할 수 있는 장소로 '결속력이 옅은 타자와 함께 있는 곳'이다[48] 그는 작품을 통해 타자를 나와 별개가 아닌 나와 연결된 존재라고 말한다.

두 작가 모두 아이디어스케치로 작품을 시작한다. 안재홍 작가는 아이디어스케치를 기반으로 30cm 전후의 모형을 만든다. 얼핏 보면 평면 같아 보이는 이 모형을 통해 실제적인 효과를 확인, 검토하고 큰 작품으로 확대한다. 모준석 작가는 아이디어스케치를 바탕으로 점토 모형을 만들고 이것을 보면서 실제 크기를 가늠하며 점토 모형의 3~4배로 확대하는 편이다. 작품 제작에 들어가면 다양한 굵기의 동파이프를 필요에 따라 절단하고

---

48 우승연, 떨림: 너의 타자인 나와 만나다. 조형예술가, 모준석, 현대제철 매거진: 푸른연금술사, 2018년 1,2월호, 12-15쪽 참고

용접으로 이어붙인다. 모 작가는 지름 38mm에서 18mm까지 십여 종의 굵기를, 안 작가는 좀 더 다양한 종류를 쓴다. 다른 점이 있다면 모 작가가 작품 '그 빛 아래'를 만들 때 동파이프 안에 철근을 넣은 것이다. 애당초 2012년에 이 작품을 영일대해수욕장에 설치할 때 혹시라도 관람객이 작품에 올라가 손상되면 작품은 물론 사람이 다칠 수 있어서 동파이프에 철근을 넣고 견고하게 만든 것이 그 이유이다. 모 작가의 작품에는 그 외에도 부분적으로 색유리를 사용한다.

모준석 작가의 작품은 2012년에, 안재홍 작가의 작품은 2017년에 제작한 것이라 최근 작품 경향에 어떤 변화가 있는지 물어보니 풍경 같은 느낌으로 풀어가기 위해 부조에 관심이 생겼다는 안재홍 작가는 수묵화의 먹선 같은, 무채색 느낌의 부조 같은, 금속이지만 붓으로 한번 지나간 것 같은, 꽉 찬 채움이 아닌 여유 있는 표현을 찾고 있었다. 이 때문에 최근 입체를 이루는 선이 회화적이고 부드럽다. 모준석 작가는 VR 드로잉을 통한 디지털 조각작품과 더불어 용접을 통한 전통적인 조각작품을 병행하고 있다고 한다. 코로나를 겪으며 온라인 세계에 대한 경험과 평소 조각가로 중력과 공간의 한계 극복에 대한 궁금증이 원인이라는 것이다.

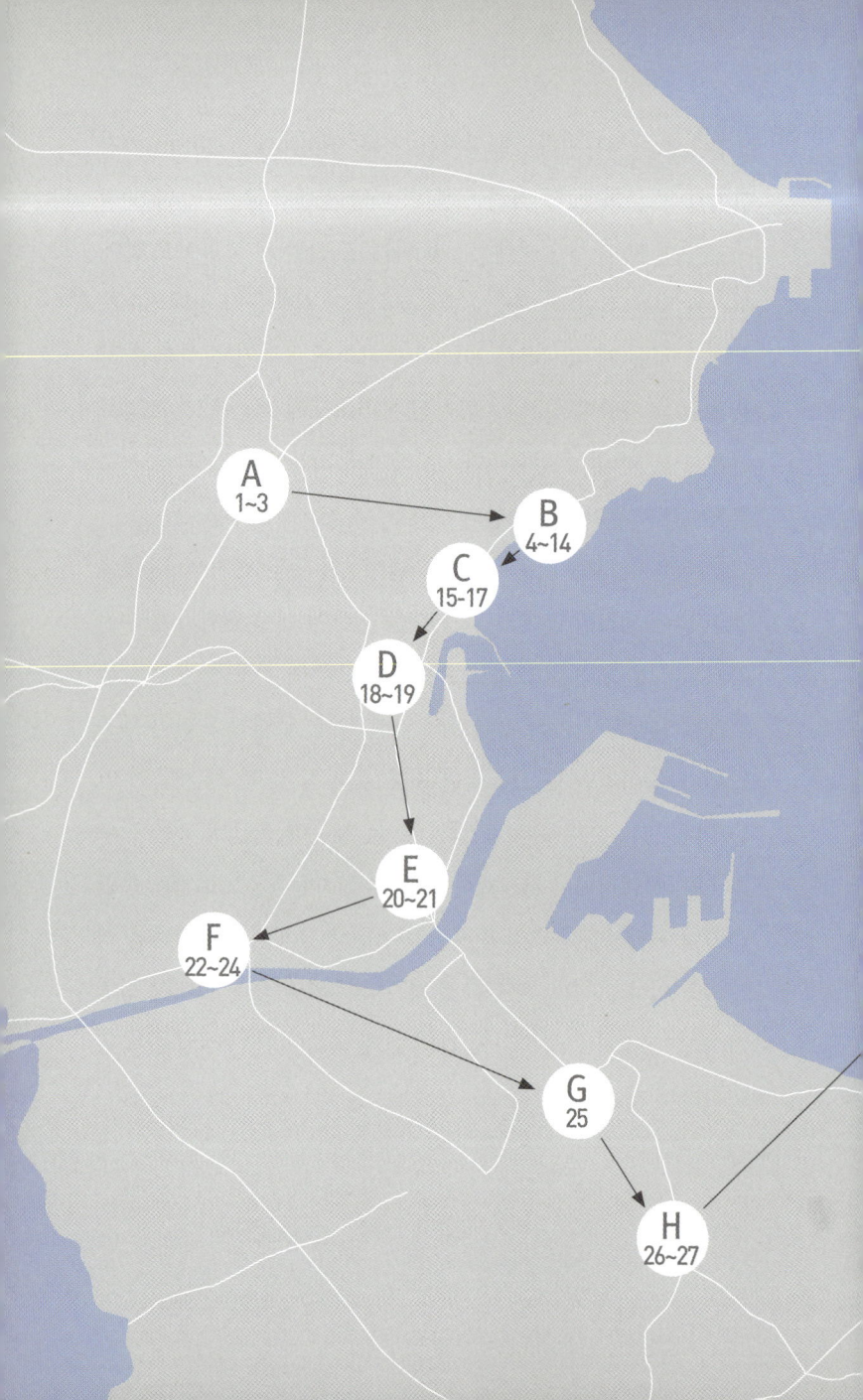

호미곶면의 해맞이 광장

I

- ㉘ 김승국 [상생의 손]
- ㉙ 상상의 손
- ㉚ 작은 손들

왼손

김승국

[상생의 손] 왼손 6×4×5.5m / 오른손 / 8×4×8.5m / 브론즈 / 1999

드디어 흥해읍의 포항KTX역에서 시작된 작품 감상 일정의 마지막 장소인 호미곶의 해맞이 광장으로 왔다. 이곳은 우리나라 내륙에서 가장 먼저 해가 뜨는 곳으로 호랑이 꼬리와 돌출한 곳이란 뜻의 호미곶(虎尾串)과 포항시의 옛 이름인 영일(迎日) 즉 해를 맞이한다는 말이 제대로 어울리는 곳이다.

새천년기념관을 뒤에 두고 바다를 향해 길게 열려 있는 폭 50m, 길이 300m의 해맞이 광장에는 유명한 작품 '상생의 손'이 있다. 이 작품은 2000년 새천년 해맞이를 기념해 1999년에 김승국 작가가 한 쌍으로 만든 것으로 광장에 왼손이 있고 광장이 끝나는 30m 거리의 바다에 오른손이 있다.

오른손은 높이 8.5m, 왼손은 높이 5.5m이며 각각의 무게는 18t과 13t으로 규모가 제법 크다. 오른손이 왼손보다 큰 것은 때마다 달라지는 바다의 수위를 고려해서 그런 것 같다. 현장에

오른손

와서 보니 광장의 왼손보다 바다에 있는 오른손이 변화무쌍한 바다의 풍경과 어울려 훨씬 역동적이다. 특히 작품의 다섯 손가락 위에 바닷새들이 앉아있는 모습이 인상적이고 새의 분비물로 변한 회색 톤조차 어울린다.

기계 손

상상의 손과 작은 손들

 파도로 쉼 없이 꿈틀거리는 바다는 물그림자로 아름다운 모습을 연출하는 풍경 곁에서 사람들이 뭔가 재미있는 놀이를 만든다. 옷소매 안으로 손을 집어넣고 대신 멀리 보이는 작품과 물그림자를 적절히 이어 붙인 기계 팔(?)을 만들어 사진을 찍는 모습이 보인다. 피사의 사탑같이 유명한 건축물을 재미있는 구도로 촬영하는 것처럼 사람들은 작품 '상생의 손'에 즉석 몽타주 기법을 적용해 '상상의 손'을 만들며 논다.

 광장 입구에 솟아나는 해의 형태를 지닌 새천년기념관이 있다. 그 앞에서 바다가 보이도록 서면 오른편에 한국관광명품관이 있고 다시 바로 옆에 높이가 어른 허리춤 정도 되는 '작은 손들'이 있다. 주위를 제아무리 둘러봐도 어떤 설명이나 안내가 없을 뿐 아니라 온라인 검색으로도 찾을 수 없어 '상생의 손'과 관계되었거나 혹은 그것을 응용한 것이라고 나름대로 추측하게 하는 작품이다. 약간의 거리를 두고 설치된 양 손은 각각의 모습이

작은 손들

'상생의 손'과 거의 흡사하고 재료도 동일한 브론즈이다. 크기는 어른이건 아이건 옆을 지나다가 올라앉을 수 있는 성도이며 전체적으로 반질반질한 게 사람의 손을 타서 윤이 나고 녹슨 데가 없다. 이 작품을 처음 봤을 때가 코로나로 인해 여전히 야외에서 마스크를 착용하던 시절이었다. 어떤 연유로 '상생의 손'의 미니어처 같은 이 작은 손들이 여기 있는지 알 수 없지만, 꾸밈없고 순진한 어린이들이 두 손에 앉아 노는 것을 보니 마치 두 손이 어린이들을 위로하는 것처럼 보였다.

마치며

　사회학자 정수복은 그의 저서 '책인시공'에서 집주인의 서재를 보면 그 사람이 어떤 사람인지 알 수 있다고 한다. 사람들이 각자 고유한 성격이 있듯이 서재 또한 고유한 특성을 가진 것은 나름의 기준으로 책을 분류하고 배치하기 때문이라는 것이다. 모든 서재는 그 주인의 내면 풍경이므로 관심 분야, 지적 수준을 가늠할 수 있도록 구획한다는 것이다. 이 얘기와 더불어 장서가와 독서가에 대한 얘기도 흥미롭다.

　장서가는 대체로 독서가인 경우가 많지만 반드시 그런 것은 아니다. 장서가가 집에 많은 책을 소유하고 있는 사람이라면, 독서가는 책을 소유하는 데 만족하지 않고 많은 시간을 책 읽기로 보내는 사람이다. 장서가가 책으로 집과 자기 자신을 장식한다면, 독서가는 책을 읽어 내면과 정신을 풍요롭게 한다. 장서가가 희귀한 책을 많이 보유하고 있다는 사실에서 만족감을 느낀다면, 독서가는 좋은 책을 읽으면서 즐거움을 느낀다. 서재를 책으로 둘러싼 장서가가 책에 의해 지배받는 사람이라면, 그 책을 하나하나 꺼내 읽는 독서가는 책을 지배하는 사람이다. 장서가가 재산이 많으면서 책에 대한 엄청난 소유욕을 가진 사람이라면, 독서가는 사방으로 펼쳐지는 호기심과 꺼지지 않는 독서열을 소유한 사람이다. 세월이 흐르면서 장서가가 독서가가 되기도 하고 독서가가 장서가를 겸하기도 한다.[49]

포항의 거리는 책이 넉넉한 서재와 같다. 흥해읍 포항KTX역부터 호미곶면 해맞이 광장까지 포항의 곳곳을 다니며 아름다운 공공미술작품을 감상해보니 마치 장서가를 넘어서 하나하나 책을 꺼내 읽는 독서가가 된 것 같이 마음이 넉넉해지고 행복해진다. 포항에는 참 별미도 많고 특별나게 아름다운 작품도 많다.

---

49 정수복, 책인시공, 문학동네, 2013, 126쪽

포항학총서 7
포항 별미(別美) – 공공미술을 맛보다 ©이웅배

발행일	2023년 10월 20일 초판 1쇄
발행처	포스텍 융합문명연구원
지은이	이웅배
펴낸곳	도서출판 나루
펴낸이	박종민
디자인	홍선우
등록번호	제504-2015-000014호
전화	054-255-3677
팩스	054-255-3678
주소	포항시 북구 우창동로 80
페이스북	www.facebook.com/narubooks
ISBN	979-11-982261-2-9 04090
	979-11-974538-6-1 04090(set)

* 값은 뒤표지에 표시되어 있습니다.
* 인지는 생략합니다.
* 이 책의 전부 또는 일부 내용을 재사용하려면 사전에 지은이와 출판사의 동의를 얻어야 합니다.

본 저서는 포스텍 융합문명연구원의 지원을 받아 연구되었음.
This book published here was supported by the POSTECH Research Institute for Convergence Civilization(RICC).